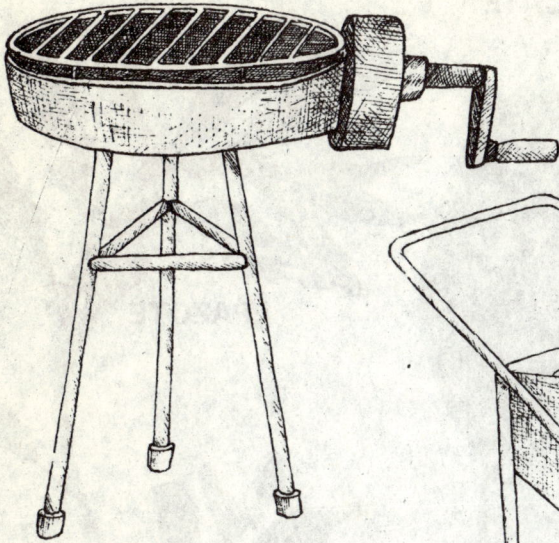

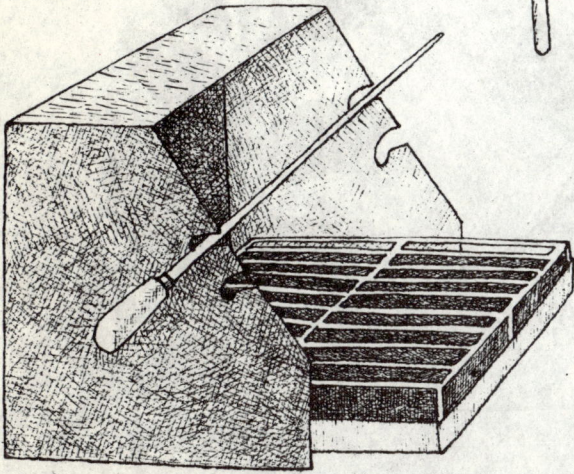
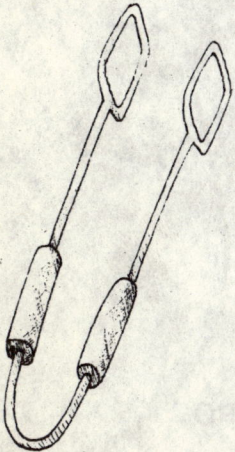

MEJORANA

AGUACATE

EPAZOTE

TOMILLO

LAUREL

YERBABUENA

PEREJIL

PEREJIL CHINO

CILANTRO

...y la COMIDA se hizo

4 _____ para celebrar

EDITORIAL TRILLAS

México, Argentina, España
Colombia, Puerto Rico, Venezuela

Catalogación en la fuente

Fernández, Beatriz L.
   . . .Y la comida se hizo : para celebrar. --
2a ed. -- México : Trillas, 1990.
   135, [9] p. : il. col. ; 27 cm. -- (. . .Y la
comida se hizo; 4)
   ISBN 968-24-3856-X

   1. Cocina - Manuales, vademecums, etc.
2. Recetas. I. Yani, María. II. Zafiro, Margarita.
III. t. IV. Ser.

LC- TX716.A1F4'F4.64   D- 641.508'F565p   1476

Derechos reservados
© 1985, Editorial Trillas, S. A. de C. V.,
Av. Río Churubusco 385, Col. Pedro María Anaya,
C.P. 03340, México, D. F.

Miembro de la Cámara Nacional de la
Industria Editorial. Reg. núm. 158

Primera edición, 1984
   Primera reimpresión, 1985 (ISBN 968-24-1875-5)
   (primera publicada por Editorial Trillas)
   Reimpresiones, 1986 y 1987

Segunda edición, enero 1990*
ISBN 968-24-3856-X

Impreso en México
Printed in Mexico

Esta obra se terminó de imprimir y encuadernar
el día 10 de enero de 1990*,
en los talleres de Offset Larios, S. A.,
Salvador Alvarado núm. 105, Col. Escandón Tacubaya,
C.P. 11800, México, D. F.,
se tiraron
5 000 ejemplares, más sobrantes de reposición

Indice

...y la comida se hizo

4. para celebrar

...y la comida se hizo

Presentamos en estos libros cerca de medio millar de recetas para hacer sopas, antojitos, guisados, postres y bebidas.

Medio millar de platillos es un número pequeño comparado con la variedad que encontramos a largo y a lo ancho de México, donde disfrutamos de una de las cocinas más ricas del mundo, riqueza que proviene de la diversidad de climas y culturas de nuestro país, pero también, fundamentalmente, de la viva imaginación de los mexicanos. De ella surge esa varidad increíble de maneras de preparar platillos a partir de unos mismos alimentos básicos. Con ella tenemos unidad en la diversidad.

Nos sentimos orgullosos de la cocina mexicana y queremos compartir con usted nuestro orgullo. Pero no es menor nuestro deseo de que a través de estas páginas pueda hacer más variada su cocina, al mismo tiempo que sea capaz de hacer mucho más con el mismo gasto y con menor esfuerzo.

Estos dos propósitos —el orgullo de lo nuestro y su utilidad práctica— marcaron las pautas para la organización del material de estos volúmenes.

Hubo que seleccionar las recetas a partir de una enorme cantidad de material muy diverso entre sí. Estas fueron probadas después en una cocina casera.

Para las mujeres mexicanas, llenas de ingenio y maestras de la improvisación, cada una de las *recetas habrá de ser seguramente tan sólo un punto de partida para lograr muchos más platillos, ya sea sustituyendo algunos de los ingredientes o bien agregándole el sabor de su propia región.*

Cada tomo tiene una orientación precisa. Así, la mayoría de las recetas del primero son de fácil realización, mientras que las del segundo procuran ser económicas, las del tercero se basan en la rapidez y, finalmente, las del cuarto están pensadas para reuniones, para fiestas, en fin, para celebrar. De todos modos, puede haber platillos relativamente más complicados en el primer tomo y más sencillos en el último, y asimismo habrá recetas que sean a la vez económicas y rápidas. En cada tomo se presenta un primer capítulo donde se comenta la historia de la cocina, desde los antiguos mexicanos hasta nuestros días y, al mismo tiempo, se ofrecen consejos prácticos y nutricionales en las páginas de introducción de las distintas secciones.

Con estos libros hemos querido rendir homenaje a la mujer mexicana, pues ella es la que ha creado la variedad y la riqueza infinitas de nuestra cocina. Como también han sido principalmente las mujeres las que han recuperado la tradición oral de esa cocina y la han puesto por escrito. Sin el trabajo denodado de Josefina Velázquez de León, Elena Ocampo, Ana María Guzmán de Vázquez Colmenares y muchas otras mujeres que dedicaron su vida a este tema, estos libros no podrían haber aparecido.

Notas sobre la comida en el México actual

La molendera. Diego Rivera. Museo Nacional de Arte.

Las actividades domésticas ataban a la mujer.

El avance acelerado de la tecnología caracteriza al siglo XX. En México este proceso se intensifica después de la Revolución de 1910 y modifica de manera singular las estructuras sociales y de paso los hábitos alimenticios y las maneras de mesa. El uso de la electricidad aplicada a los numerosos inventos conectados con ella, provoca cambios definitivos en el interior del hogar y facilita a las mujeres muchas tareas que antes eran laboriosas y difíciles. Su tiempo se libera y su labor doméstica se hace más ligera; también la comida se simplifica y los horarios y servicios de mesa se hacen más elásticos. Pronto la mujer se integrará a la economía productiva del país, provocando con ello una revolución en las costumbres.

La cosecha. Ezequiel Negrete. Instituto Nacional de Bellas Artes.

Los métodos tradicionales de cultivo ocupaban a toda la familia.

La utilización de la energía derivada del petróleo y la introducción del automóvil favorecen la construcción de carreteras y la mejor y más rápida distribución de los alimentos producidos masivamente por métodos modernos, apoyados en el sistema de presas que, al almacenar agua, irrigan la tierra y aumentan las cosechas. Se evita la escasez de víveres que antes provocaba las hambres y el descontento en el campo.

La radio ,y más tarde, la televisión refuerzan la difusión comercial de los nuevos productos que mejoran la calidad de la vida cotidiana. Durante la segunda mitad del siglo, la industria petroquímica perfecciona los plásticos utilizados de manera masiva en los hogares.

Parecería que todo es para bien, y sin embargo....

La técnica aplicada a la medicina y la construcción de hospitales permite prolongar la vida de los habitantes y disminuir la tasa de mortalidad infantil. Este hecho, añadido a la prosperidad industrial, provoca un movimiento de concentración urbana que, al principio, parece benéfico, pero que, a la larga, altera el equilibrio social, contamina la atmósfera, destruye el equilibrio ecológico y entorpece la vida cotidiana. Aquello que era liberador empieza a convertirse en una plaga: la abundancia de automóviles y de objetos de consumo esclaviza al hombre en lugar de liberarlo. Las limitaciones del transporte urbano, la extensión de la ciudad, el aire irrespirable dificultan las tareas del ama de casa.

Los frutos de la tierra. Frida-Kahlo. Banco Nacional de México.

Solo a los centros urbanos llegaban productos de todo el país.

Muchas son las transformaciones que se producen.

   Hacia los años cuarenta, los refrigeradores eran aún muebles de madera con un receptáculo pequeño para el hielo, entregado diariamente en los hogares por camioneros armados de guantes, picahielos y pregones.

   Hacia los cincuenta, los refrigeradores eléctricos se industrializan en México y las amas de casa los empiezan a utilizar: pueden hacer la compra una vez por semana, congelar, almacenar los alimentos y planear mejor su vida cotidiana.

Calabazas. David Alfaro Siqueiros. Museo de Arte Moderno.

14 Pocos alimentos se conservan sin refrigeración.

Archivo fotográfico del Instituto Nacional de Antropología e Historia.

La repostería exigía gran dedicación.

Los cambios fundamentales que diferencian al ama de casa del siglo XX de sus abuelas o tatarabuelas pueden resumirse de esta manera: la tienda de autoservicio, los electrodomésticos, las conservas y los alimentos envasados, algunos de los cuales ya se conocían a finales del siglo XIX. Las mujeres organizan de otra forma su vida: tienen que ahorrar tiempo, cocinar rápido, aprovechar todas las ventajas que les brinda la nueva tecnología y suplir con ella la escasez de mano de obra, cuya abundancia durante los siglos anteriores propiciaba platillos deliciosos de preparación minuciosa y ardua. Ahora se congela la compra de la semana y se abren las latas almacenadas en la alacena. Se ahorra tiempo y trabajo pero se favorecen los alimentos chatarra.

Foto M.Y.

El metate era un regalo muy apreciado.

Después de la Revolución se siguen usando los braseros y la fuente de energía es el carbón: el aventador aviva el fuego, se usan los comales y las tortillas se siguen echando a mano.

Con la explotación del petróleo las estufas se modifican y las amas de casa recurren a la tractolina, puente indispensable entre el brasero de carbón y la estufa de gas, ahora universal. Los utensilios tradicionales se desplazan y en lugar del metate o el molcajete usamos la licuadora y la batidora; los trastes de barro, hermosos y útiles si se usan con cuidado, son remplazados por la melamina y las cucharas de madera por las de plástico.

Los radios son la novedad, junto con los gramófonos del primer cuarto de siglo; este aparato se populariza hacia los cuarenta y las amas de casa barren y cocinan oyendo Anita de Montemar, su radionovela preferida, anunciada por una empresa jabonera que desplaza a los jabones mexicanos. En la radio se anuncia también la gelatina en polvo, de procedencia norteamericana, que por su rapidez de elaboración sustituirá en la casa a muchos de los postres tradicionales. También se venden natillas y flanes en polvo, con su aspecto y sabor adulterado.

Los dulces mexicanos tradicionales se van abandonando y la gran riqueza cede paso a la precariedad e insipidez de los productos que se comercializan.

La infinita variedad de los dulces mexicanos.

"La televisión pronto llegará", se cantaba en los cincuenta. No hay duda alguna de que ha llegado "para quedarse". Como todos los inventos modernos, posee cualidades excepcionales y produce daños irreversibles. Los alimentos chatarra y los refrescos gaseosos de gran producción se han popularizado nacionalmente gracias a los comerciales televisivos, contaminando a la población y sobre todo a los niños, los principales televidentes junto con las amas de casa. Los alimentos chatarra causan desnutrición y son engañosos: parece que cuestan poco pero, comparativamente, su precio es enorme. Los refrescos embotellados han sustituido al pulque en el campo mexicano y son consumidos igualmente por las clases trabajadoras y las clases altas de las ciudades. Los recuerdos del porvenir se han cancelado en la pausa que refresca.

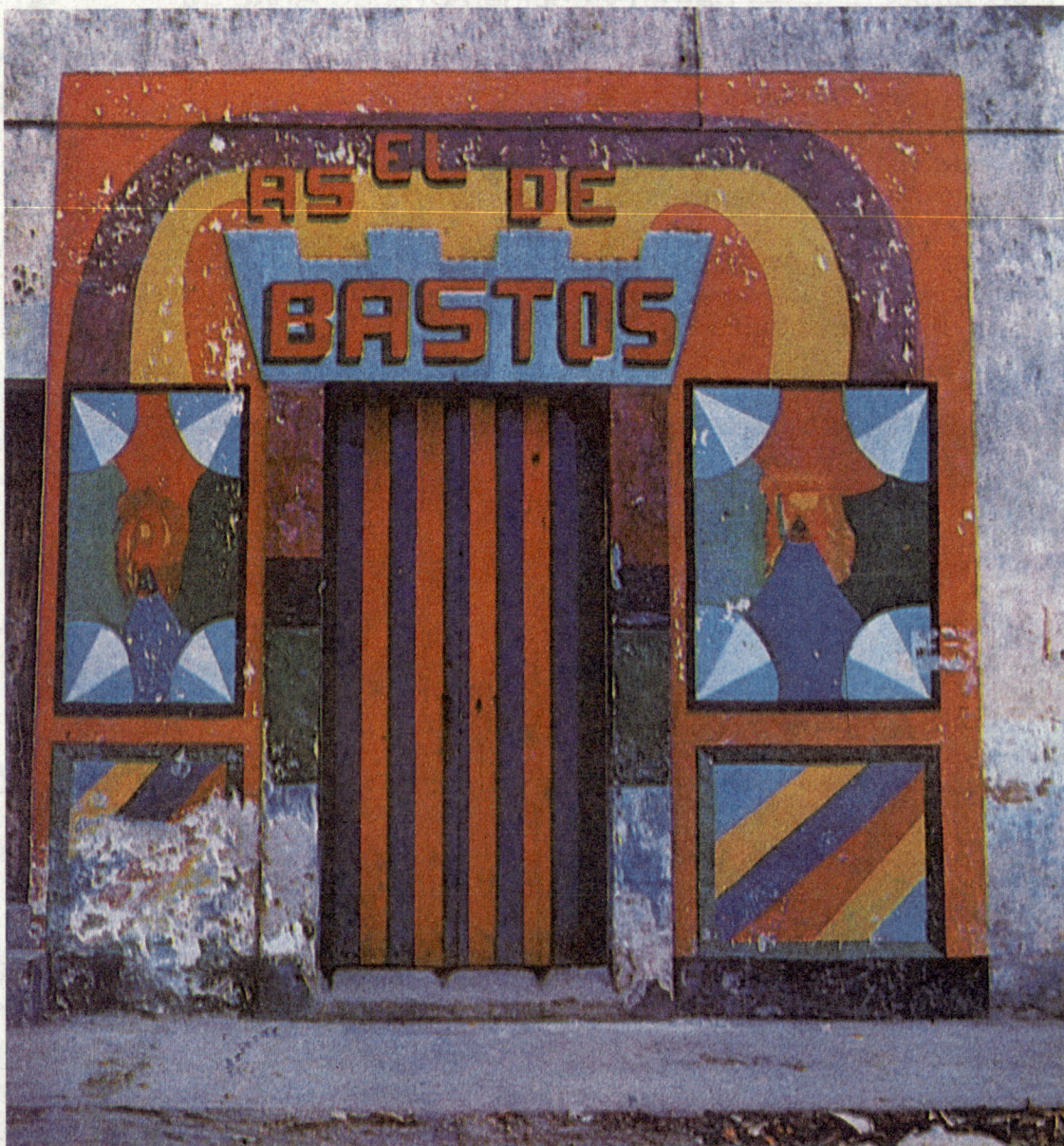

Foto Manuel Alvarez Bravo.

18 Las pulquerías eran alegremente pintadas.

Restaurante campestre afrancesado.

Las tradiciones francesas van decayendo rápidamente en el siglo XX, los restaurantes de ese tipo son ya escasos y muy caros. La moda norteamericana invade con su aparente simplicidad y rapidez el estilo de los restaurantes.

En la década de los treinta, los cafés son sitios selectos de reunión y de tertulia: Se ha empezado con Sanborn's, que sostiene ese papel desde la Revolución, se sigue con diversos cafés, desparramados por el centro, adonde afluyen, después de la guerra civil, los refugiados españoles. La vida de café se corta cuando la ciudad se hace intransitable y excesivamente extensa.

Archivo fotográfico del Instituto Nacional de Antropología e Historia.

Las clases acomodadas seguían las costumbres europeas.

La influencia europea que sufrió nuestra comida durante el siglo XX se matiza y hacia los cuarenta se abre, en la ciudad de México, una cadena de restaurantes, antecedente de los que, siguiendo la moda norteamericana en su construcción, servicio y horario, se popularizarán después de los sesenta. Se llamaban Kiko's (nótese el apóstrofe).

Cuando hacia los cincuenta se construye el primer viaducto surgen también, en la ciudad, establecimientos de madera (casi portátiles) que expenden hamburguesas, helados de máquina instantáneos y, más tarde, pizzas. Los nombres en inglés se hacen cada vez más frecuentes: el hot fudge sundae, el banana split y, sin ir más lejos, el hot dog.

Estas cadenas se extienden luego por toda la provincia.

Hay restaurantes que conservan la tradición. En la ciudad de México, El Café de Tacuba, la Flor de Lis, las fondas elegantes de comida mexicana, las tamalerías donde se venden tamales de toda la república y atoles de varios sabores; las churrerías que ofrecen chocolate a la española, caliente y espeso, acompañando a los churros.

Hay todavía algunas pastelerías de procedencia francesa, El Globo, por ejemplo, abierto a finales del XIX y las de tradición mixta como El Molino o Calvin. Por Dolores están los cafés de chinos, tradición que se pierde; distribuidos hasta los cincuenta por todas las zonas de las ciudades, ofrecían, servicio en vaso grueso, café con leche caliente para remojar los bísquets o las clases diversas de pan dulce que, aunque menos que en otras épocas, se sigue expendiendo en las panaderías con su profusión de nombres y de formas.

Catorce personas servían pastelitos.

Archivo fotográfico del Instituto Nacional de Antropología e Historia.

Archivo fotográfico del Instituto Nacional de Antropología e Historia.

Las comidas se disfrutaban sin prisa.

La adopción de los horarios corridos en el comercio, al estilo yanqui, modifica también los hábitos alimenticios del mexicano que trabaja. Se favorece el lunch que acompaña su americanismo con el sandwich, servido en restaurantes de servicio veloz o autoservicio; se traslada en la práctica lonchera que sirve por igual a padres y a escolares. Sólo los funcionarios siguen los viejos horarios: terminan de trabajar a las tres, regresan más tarde, cenan a las 10 o a las 11. Así se suele comer en provincia, de tres a cinco (más la siesta) porque los comercios se abren entre 5 y media y 6 de la tarde.

Durante la primera parte del siglo, el pueblo y los estudiantes van a comer y hasta a desayunar a las famosas torterías de Armando o a Las mil tortas (ojo con los competidores: Donde cada torta vale por mil, situada enfrente), o van, de perdida, a tomar un lunch ligero al Sidralito, situado en la esquina de Palma y Madero donde ya se podía comer un hot dog con un refresco y oír en la sinfonola a los Panchos. Las torterías de entonces se han convertido en las taquerías de hoy; con ello se desmuestra la predilección que tiene el mexicano por sus alimentos habituales: el maíz (la tortilla), el frijol y el chile.

Pero ahora, los tacos y las cebollitas son al carbón, nueva artesanía nacional; el brasero resucita y se integra al restaurante higiénico y rápido de factura internacional.

El mercado tradicional tiene la vida dura: sigue tendido como siempre, parecido eternamente al tianguis, demostrando que la

Vendedora de frutas. Detalle. Olga Costa. Museo de Arte Moderno.

En el canasto y sin envolturas se lleva a casa la compra del mercado.

tradición prehispánica sobrevive. Vienen los españoles primero y el tianguis permanece, llegan los ingleses, los franceses, los alemanes, y, al lado de los restaurantes elegantes y de los banquetes porfirianos, está de nuevo el tianguis. Ahora en el siglo XX, a pesar de los supermercados, a pesar de los ejes viales, todas las semanas, en todas las colonias, se instalan vagabundos y pasajeros, como un día de mercado en pueblo chico, perdido en la provincia, el tianguis semanal y el mercado sobre ruedas, donde las amas de casa compran sus verduras, sus frutas y sus quesos.

Los supermercados hacen tímidamente su aparición hacia los años treinta. Les llaman los Piggly Wiggly, imitación de los que con ese mismo nombre se instalaban en Norteamérica. Su diseminación masiva es contemporánea de la producción de refrigeradores comerciales. La compra, ya lo hemos dicho, se hace una vez por semana y el cliente pierde poco a poco la costumbre de regatear con el marchante como en el mercado clásico, pues ahora se enfrenta a los precios fijos.

El parroquiano escoge su verdura, la pesa, compra la carne empaquetada y cortada previamente y con su precio colocado sobre etiquetas bien visibles. Los cereales, las galletas, los frijoles ya no se venden a granel: aparecen en cajas o en bolsas de uno o dos kilos, la leche se expende en lata o en cartón, el café y el té son instantáneos, el aceite vegetal sustituye a la manteca y los envases se desechan, con lo que la civilización del desperdicio nos invade.

Vendedora de frutas. **Olga Costa. Museo de Arte Moderno.**

Toda tecnología usada racionalmente permite el progreso; manejada sin discriminación produce desequilibrios. Esta máxima reza con los plásticos, ahora que vivimos en la era de los productos sintéticos. Tiene sus ventajas enormes: no se rompe, permite almacenar la comida en el refrigerador, se presenta a veces de manera hermosa pero, cuando se utiliza como envase o en forma de bolsas de polietileno, por ejemplo, ayuda a la proliferación de la basura, uno de los más graves problemas de la sociedad de consumo. Los centros enormes de población producen enormes cantidades de desechos de plástico y de cristal que no tienen acomodo en ninguna parte. Sólo una política adecuada de reciclaje podría remediar este gran mal.

Generalidades

Una buena fiesta debe planearse: preparar cuidadosamente el menú, calcular los ingredientes, hacer la compra, asear la casa, organizar la vajilla; en suma, tanto la preparación como la disposición de la comida son capitales. Empiece con un lápiz y un papel: compre sobre todo frutas y verduras de estación en los mercados sobre ruedas o en un tianguis donde la higiene sea razonable. Empiece desde el día anterior a preparar todo aquello que puede hacerse de antemano para ahorrar tiempo y para darle más sazón a sus alimentos.

Preparar una comida de fiesta puede ser laborioso: la planeación cuidadosa evita cansancios inútiles y sorpresas peligrosas. También es preciso hacer cuentas y no jugar con el presupuesto: siempre hay comidas maravillosas que pueden prepararse sin necesidad de tirar la casa por la ventana y disfrutarse tanto como las comidas fruto del derroche.

No se precipite al hacer sus compras, ni adquiera lo más caro pensando que el alto precio es garantía de calidad; trate de invertir su dinero sabiamente para lograr que su presupuesto se ajuste a lo planeado. Elija un mercado que le quede cerca para no gastar demasiado en transporte y para no cansarse en exceso.

Infórmese sobre la calidad de los productos envasados, sobre todo los de marcas diferentes. Lea los envases y aprenda a desechar los alimentos que contienen productos nocivos para su salud.

25

Prefiera los productos naturales a los artificiales y aprenda de nuevo a usar las especias, utilizadas durante los siglos anteriores a la invención del refrigerador eléctrico, como preservadores de los alimentos. Use especias y sus platillos ganarán en sabor y se conservarán más tiempo, sin necesidad de recurrir a los productos químicos que adulteran la comida y corrompen nuestro gusto. Aprenda a aquilatar el valor alimenticio de cada uno de los productos que utilice y balancee su dieta.

Sopas y huevos

Con una sopa se hace la fiesta

Si no quiere trabajar demasiado ni gastar mucho, una fiesta se arma simplemente con un pozole: sírvalo directamente a la mesa en una gran cazuela y con un cucharón, vaya distribuyéndolo en platos hondos; eso sí, cueza bien la carne de puerco para que sea sana y para que no tenga que utilizar más que un cubierto: la cuchara.

Una paella resuelve también el problema. Use arroz integral, carne de puerco (siempre bien cocida), pollo, algunos camarones, almejas, chícharos, zanahorias y no ponga azafrán porque ahora es incosteable.

Cuando hace calor se puede servir todo tipo de sopas frías: una crema de aguacate, de betabel o de pepino con yogurt y pimienta blanca espolvoreada.

Sopa de huitlacoche

2 **tazas de huitlacoche**

1 **taza de granos de elote**

6 **tazas de caldo de res o pollo**

1 **taza de queso fresco**

1/2 **cebolla picada finamente**

3 **dientes de ajo picados**

1 **rama de epazote**

- **chile serrano**
- **aceite para freír**
- **sal y pimienta**

1. Fría la cebolla, el ajo, el huitlacoche desmoronado, los elotes desgranados y el epazote, durante 10 minutos.

2. Agregue el caldo y añada sal y pimienta. Hierva 15 minutos más.

3. Sirva muy caliente. Añada queso desmoronado y chile serrano picado al gusto.

Sopa de flor

1 manojo de flor de calabaza
3 chiles poblanos
3 elotes
5 tazas de caldo de pollo
1/2 cebolla picada
3 dientes de ajo picados
1 rama de epazote
– aceite para freír
– sal

1. Desgrane los elotes y cuézalos en una taza de agua con sal.

2. Tueste, sude, limpie y desvene los chiles; pártalos en rajas.

3. Limpie, lave y pique las flores; fríalas con ajo y cebolla unos 5 minutos.

4. Machaque ligeramente las flores.

5. Fría las rajitas, agregue las flores de calabaza, el epazote, los granos de elote y el agua en que los coció y 5 tazas de caldo de pollo; deje hervir 5 minutos más y sirva.

Sopa de bolitas

Caldillo

4 **jitomates**
4 **tazas de caldo**
1 **trozo de cebolla**
2 **dientes de ajo**
– **aceite para freír**
– **sal y pimienta**

1. Ase y pele los jitomates. Lícuelos con el trozo de cebolla y el ajo y fríalos hasta que sazonen; añada sal y pimienta y 4 tazas de caldo. Deje hervir a fuego bajo.

Bolitas de chícharos

2 **tazas de chícharos**
2 **yemas de huevo**
1 **clara de huevo**
1 **cucharada de mantequilla**
2 **cucharadas soperas de harina**
– **sal y pimienta**

1. Cueza los chícharos, escúrralos y lícuelos.
2. Mezcle los chícharos con los demás ingredientes y forme bolitas del tamaño de una canica. Fríalas y póngalas en el caldillo.
(En vez de chícharos, las bolitas pueden hacerse de papa o de masa de maíz.)

Sopa de médula

- 1 kg de médula
- 2 xoconostles sin cáscara
- 2 espinazos de pollo
- 2 alones de pollo
- 1 trozo de cebolla
- 3 dientes de ajo
- 1 rama de epazote
- – chile chipotle al gusto
- – sal

1. Cueza el pollo en 8 tazas de agua con sal, junto con los dientes de ajo, el epazote, el trozo de cebolla, el chile y los xoconostles.

2. Limpie la médula, quítele la tripa y córtela en trozos.

3. Agregue la médula al caldo. Hierva hasta que esté bien cocida (unos 10 minutos). Sirva muy caliente en plato hondo.

1/2 **pastilla de achiote**
1/2 **taza de masa de maíz**
2 **tazas de frijoles remojados**
4 **cucharadas soperas de pepita molida**
4 **jitomates cortados en cuadros**
1 **taza de jugo de naranja**
1 **cebolla**
8 **dientes de ajo**
1 **rama de epazote**
1 **cucharada cafetera de orégano**
4 **clavos de especia**
- **sal**

Sopa de pepita

1. Cueza el frijol en 3 tazas de agua durante unos 20 minutos en olla exprés.
2. Disuelva el achiote en jugo de naranja.
3. Disuelva la pepita en una taza de agua. Licue el ajo, la cebolla, el orégano, el epazote, los clavos, el achiote y la pepita disueltos.
4. Licue los frijoles con el agua en que los coció. Vierta sobre una cazuela y mezcle con la masa. Agregue 3 tazas de agua y los ingredientes licuados anteriormente. Añada los trozos de jitomate y sal y hierva a fuego bajo durante unos 40 minutos.

Sopa de cacahuate

1 1/2 **tazas de cacahuates pelados**
1/4 **taza de jerez seco**
2 **tazas de leche evaporada**
2 **cucharadas soperas de azúcar morena**
3 **rebanadas de pan cortado en cuadritos**
– **margarina para freír**
– **sal**

1. Tueste el cacahuate y píquelo fino.

2. Con margarina, fría el cacahuate picado con el azúcar durante unos 5 minutos. Baje la flama. Añada 3 tazas de agua, sal y hierva 15 minutos más. Agregue el jerez seco y la leche evaporada. Hierva un poco más.

3. Dore los cuadritos de pan, quíteles el exceso de grasa y añádalos a la sopa en el momento de servir.

33

Sopa de betabel

4 betabeles
1 trozo de cebolla
1 pizca de azúcar
1/2 taza de crema agria
- jugo de 1 limón
- sal y pimienta

1. Pele los betabeles y cuézalos en una olla con 6 tazas de agua y un trozo de cebolla.
2. Licue los betabeles en parte del agua en que los coció, con el trozo de cebolla.
3. Regréselos a la olla con el resto del caldo, agregue el jugo de limón, azúcar, sal y pimienta. Mezcle y deje hervir.
4. Al servir añada a cada plato una cucharada de crema. Puede servirse fría o caliente.

Sopa de cebolla

2 cebollas rebanadas finamente
6 tazas de caldo de pollo
1 taza de queso chihuahua rallado
1/2 taza de vino blanco
3 hojas de laurel
2 bolillos rebanados
- aceite para freír
- sal

1. Fría ligeramente la cebolla, agregue el caldo de pollo y el vino. Deje que hierva un poco, agregue laurel y sal. Baje la flama y hierva 15 minutos más.
2. Tueste las rebanadas de pan y coloque una o dos en cada plato sopero, encima ponga queso rallado y luego sirva la sopa bien caliente.

35

Sopa de lima

- **2** limas agrias
- **6** tortillas
- **1** pechuga de pollo
- **6** higaditos de pollo
- **1** cebolla morada picada finamente
- **1/2** cabeza de ajo
- **6** rebanadas de lima
- **–** cilantro picado
- **–** aceite para freír
- **–** sal

1. Tueste ligeramente la media cabeza de ajo.

2. Parta las tortillas en tiritas y fríalas hasta que doren; colóquelas sobre papel absorbente para quitar el exceso de grasa.

3. Cueza en 7 tazas de agua con sal los higaditos y la pechuga de pollo, con la cabeza de ajo. Cuando esté cocida la carne, deshebre la pechuga y pique los higaditos. Cuele el caldo.

4. Ponga la carne deshebrada y los higaditos picados en el caldo; agregue el jugo de las dos limas.

5. Sirva colocando en otro platón la cebolla picada, el cilantro, las rebanadas de lima y las tiritas de tortilla, para que se añada al gusto.

Sopa de manzana

3 **manzanas peladas y partidas en cuadritos**
6 **tazas de caldo**
2 **jitomates**
1 **cebolla**
2 **cucharadas de harina**
1 **cucharada de perejil picado**
– **aceite para freír**
– **sal y pimienta**

1. Remoje las manzanas en agua con una cucharada de sal para que se conserven blancas.
2. Licue el jitomate y la cebolla.
3. Fría la harina en el aceite hasta que dore moviendo continuamente. Añada el jitomate licuado. Fría hasta que sazone.
4. Agregue el caldo. Añada sal y pimienta y deje hervir; agregue la manzana (bien escurrida) y el perejil.
5. Sirva cuando las manzanas estén cocidas.

Sopa de hueva de pescado

2 **huevas de pescado**
6 **tazas de caldo**
2 **cucharadas cafeteras de harina**
1/2 **cebolla**
1 **rama de apio**
2 **cucharadas cafeteras de perejil picado**
1 **pizca de nuez moscada**
– **jugo de 1 limón**
– **margarina para freír**
– **sal y pimienta**

1. Fría las huevas de pescado en margarina, hasta que doren. Sáquelas y rebánelas.
2. Pique el apio, la cebolla y el perejil.
3. Fría en cacerola grande la harina y mueva continuamente hasta que dore. Agregue apio, cebolla y perejil picados y vierta poco a poco el caldo. Mueva un poco.
4. Regrese las rebanadas de hueva y hierva durante unos 15 minutos. Añada la nuez moscada, sal, pimienta y limón.

Puchero de pescado

1 kg de pescado en trozos (lubina, lisa, sierra, mojarra)
2 papas peladas
2 zanahorias
10 aceitunas
3 calabacitas
1/2 taza de ejotes limpios
1 jitomate
1 trozo de cebolla
3 dientes de ajo
- hierbas de olor
- aceite para freír
- sal y pimienta

1. Pique las papas, las zanahorias, las calabacitas y los ejotes y cuézalos en una olla con 8 tazas de agua.

2. Licue el jitomate con el ajo y la cebolla; fría hasta que sazone y viértalo en la olla de las verduras. Agregue las hierbas de olor, sal y pimienta.

3. Cuando las verduras estén casi cocidas, agregue el pescado y las aceitunas. Hierva unos minutos más hasta que todo esté cocido. (Sirva acompañado de medios limones y chiles serranos picados.)

6 **tazas de maíz cacahuacintle descabezado**
6 **trozos de cabeza de cerdo**
6 **trozos de codillo de cerdo**
3 **manitas de cerdo en trozos**
8 **chiles guajillo secos**
1 **cabeza de ajo**
1 **cebolla**
2 **hojas de laurel**
- **sal**

Pozole

1. Cueza el maíz en 20 tazas de agua con la cebolla y la cabeza de ajo. Cuando el maíz esté medio tierno, agregue las carnes.
2. Saque y rebane las carnes cuando estén cocidas.
3. Desvene, remoje y muela los chiles. Agréguelos al pozole con las hojas de laurel. Siga cociendo hasta que el maíz esté tierno.

1 **lechuga picada**
4 **rábanos rebanados**
2 **cebollas picadas**
6 **limones cortados**
- **orégano seco al gusto**
- **chile piquín molido al gusto**

Complemento

4. Al servir ponga como complemento los rábanos, la lechuga, la cebolla picada, el orégano, el chile piquín, el limón y las carnes rebanadas. Acompañe con tortillas o tostadas.

Jaibas en chilpachole

12 jaibas
1/2 cebolla molida
3 dientes de ajo
1 jitomate grande
1 rama de epazote
1 limón
– chiles anchos
– aceite para freír
– sal

1. Lave bien las jaibas. Desprenda la concha superior y deséchela. Quiebre en trozos grandes las tenazas y la concha inferior con su carne.
2. Tueste los chiles y lícuelos con el jitomate, los dientes de ajo y la cebolla. Fríalos hasta que sazonen. Baje la flama.
3. Agregue 8 tazas de agua. Cuando empiece a hervir añada los trozos de jaiba, el epazote y sal. Hierva un poco más hasta que se cuezan las jaibas. (Sirva caliente y acompañe con medios limones.)

Paella
(para 20 personas)

5 **tazas de arroz**
1 **pollo partido en piezas**
1/4 **kg de costillitas de cerdo**
1/4 **kg de chorizo en rodajas**
1/4 **kg de camarones pacotilla o langostinos**
1/4 **kg de almejas**
3 **jaibas**
3 **alcachofas partidas a la mitad**
6 **salchichas en rodajas**
1 **lata chica de pimiento morrón cortado en tiras**
1 **taza de chícharos**
1 **taza de ejotes cortados en rajitas**
6 **ramas de perejil picado**
1 **cebolla mediana**
5 **dientes de ajo**
6 **gotas de color vegetal amarillo**
– **aceite para freír**
– **sal**

1. Remoje el arroz y lave los mariscos.
2. Cueza los chícharos hasta que se ablanden un poco.
3. Ponga las costillitas a cocer con un poco de agua y cuando se consuma póngales un poco de aceite y fríalas hasta que doren. Luego fría el pollo y en seguida el chorizo. Saque todo.
4. Fría el arroz en una paellera o cazuela no muy honda hasta que se

ponga transparente y los granos se separen.

5. Mientras comienza a freír el arroz, licue la cebolla y el ajo con un poco de agua y sal. Agréguelos al arroz.

6. Añada el puerco, el pollo, el chorizo, los chícharos semicocidos, los ejotes, las salchichas, el perejil, las alcachofas, los camarones, las almejas y las jaibas partidas en trozos.

7. Disuelva las gotas de color en media taza de agua. Vierta sobre el arroz y mezcle bien para que adquiera un color amarillo.

8. Añada agua a la paellera hasta que se cubran todos los ingredientes. Tape y cueza de 20 a 30 minutos o hasta que el arroz esté cocido y el caldo se haya consumido. Si se consume el agua y el arroz no está todavía cocido, añada un poco de agua caliente.

9. Decore la paellera con las tiras de pimiento y sirva.

43

Chilaquiles al horno

12 **tortillas cortadas en cuadritos**
2 **jitomates**
2 **dientes de ajo**
1 **taza de queso añejo**
1 **taza de crema**
– **chile serrano al gusto**
– **aceite para freír**
– **sal**

1. Fría las tortillas y escúrralas.
2. Ase, pele y licue el jitomate con el ajo y los chiles; añada sal y fría hasta que sazonen.
3. Engrase un refractario. Ponga las tortillas fritas, la salsa anterior, la crema y el queso rallado. Hornee a fuego medio 15 minutos.

Rabo de mestiza

6 **huevos**
3 **chiles poblanos**
3 **jitomates**
1 **cebolla rebanada**
- **sal**

1. Ase, pele, desvene y parta los chiles en rajas.
2. Sumerja el jitomate en agua hirviendo, pélelo y quite las semillas. Lícuelo.
3. Fría las rebanadas de cebolla y cuando estén doradas agregue el jitomate licuado y las rajas de chile. Agregue sal y sazone.
4. Vierta salsa con rajas en moldes refractarios individuales. Quiebre un huevo encima de cada molde y hornee a fuego bajo. (Puede espolvorear con queso rallado.)

45

Huevo con machaca

6 huevos
1/4 kg de machaca
5 tomates verdes
1 trozo de cebolla
1 diente de ajo
- chile pasilla al gusto
- aceite para freír

1. Tueste, remoje y desvene los chiles.
2. Hierva los tomates y lícuelos con la cebolla, el ajo y los chiles.
3. Bata los huevos.
4. Fría la machaca unos minutos, baje la flama, añada los huevos batidos y mezcle. Cuando los huevos se cuezan, añada la salsa de tomate y cueza un poco más hasta que sazone.

Antojitos

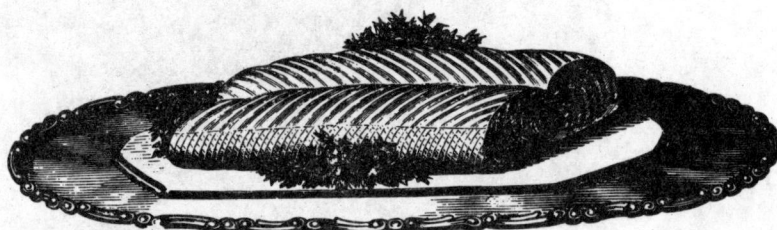

Para celebrar haga tamales

No hay como los tamales para una celebración: la primera comunión de los niños, el santo del vecino, la recepción del hijo mayor, el cumpleaños y hasta las grandes fiestas navideñas. Existen infinitas variantes de tamales: verdes, colorados y de dulce, envueltos en sus hojas de maíz. Son ricos también los tamales cuadrados y sólidos, envueltos cuidadosamente en su hoja de plátano tropical. Resultan muy baratos haciéndolos en casa, con un poco de paciencia y práctica le quedarán deliciosos. Sírvalos con aguas frescas: de chía, de tamarindo o de jamaica o con atoles de sabores, aunque basta con un atole de masa, piloncillo y leche. Y ¿por qué no un pulque curado?

Los antojitos variados sirven como entremeses: los salbutes, las corundas, los uchepos, los papadzules, las pellizcadas, los sopes, las memelas y los huaraches. Sírvalos con lechuga bien desinfectada y espolvoréelos con queso desmenuzado.

Salbutes

- 4 tazas de masa de maíz
- 1/4 kg de carne de cerdo molida
- 3 cucharadas soperas de harina
- 3 cucharadas soperas de manteca
- 1 cucharada cafetera de polvo de hornear
- 1 jitomate
- 1/2 cebolla
- 1/2 taza de queso añejo
- 2 dientes de ajo
- 1 pieza de lechuga
- – aceite para freír
- – sal

1. Remoje el jitomate con agua caliente. Pélelo y píquelo finamente.

2. Fría la carne de cerdo hasta que se dore. Agregue el jitomate molido, el ajo y la cebolla picada. Añada sal. Deje en el fuego hasta que reseque.

3. Mezcle la masa con la harina, la manteca, el polvo de hornear y sal; amásela con poca agua. Forme unas tortillas pequeñas.

4. Para formar los salbutes, fría las tortillas en aceite o manteca bien caliente hasta que se inflen. Escurra el exceso de grasa.

5. Levante la piel de la tortilla, rellénela con la carne y adorne con el escabeche, lechuga y queso rallado. Sirva con frijoles negros refritos.

Escabeche

Hierva la cebolla rebanada en una taza de agua con vinagre y sal. Al primer hervor, saque y escurra. Añada orégano y aceite al gusto.

Quesadillas de lomo

Masa

2 1/2 **tazas de masa para tortillas**
1 **taza de harina de trigo**
2 **cucharadas cafeteras de polvo de hornear**
1/2 **taza de manteca**
– **sal**

Relleno

1/4 **kg de lomo de puerco**
2 **chorizos**
1 **papa**
1 **jitomate**
1 **cebolla picada**
1 **diente de ajo picado**
10 **aceitunas picadas**
– **chiles jalapeños picados al gusto**
– **aceite para freír**

1/2 **lechuga**
6 **rábanos**
– **aceite**
– **vinagre**
– **sal y pimienta**

1. Mezcle la masa con la harina, el polvo de hornear, la manteca y la sal. Amase y deje reposar la mezcla envuelta en un trapo húmedo.

2. Cueza el lomo de puerco. Enfríe y deshebre.

3. Cueza, pele y parta la papa en cuadros.

4. Ase, pele y licue el jitomate con el trozo de cebolla y el ajo.

5. Fría los chorizos y el lomo. Añada las papas, las aceitunas y los chiles. Vierta el jitomate licuado y fría un poco más hasta que sazone.

6. Haga las tortillas, rellénelas de carne, dóblelas y fríalas.

7. Pique la lechuga y rebane los rábanos. Póngalos en un platón. Bañe con aceite, vinagre, sal y pimienta. Coloque encima las quesadillas.

49

Tamalitos de pescado

1 kg de masa para tortillas
1/4 kg de filete de pescado picado
1 taza de manteca
2 jitomates picados
2 cebollas medianas picadas
2 ramitas de epazote
– chiles verdes picados al gusto
– hojas de plátano
– manteca para freír
– sal

1. Bata bien la manteca, agregue la masa y sal; haga un rollo, envuélvalo en un lienzo de manta de cielo y átelo con un cordón. Cuézalo en agua unos 25 minutos.

2. Fría la cebolla, el jitomate y los chiles hasta que sazonen. Añada el pescado picado, el epazote y sal. Mezcle y cueza.

3. Ase ligeramente las hojas de plátano y córtelas en cuadros. Ponga en cada hoja una cucharada de masa cocida y en su centro un poco del guisado de pescado. Envuelva los tamales en las hojas de plátano y cuézalos al vapor unos 20 minutos.

Tamal de chaya

30 hojas de chaya
8 cáscaras de tomate verde
1 taza de harina de trigo
8 tazas de harina de maíz cacahuacintle
6 cucharadas soperas de manteca
1 cucharada cafetera de polvo de hornear
8 huevos
1 taza de pepita de calabaza molida
– chile serrano al gusto
– hojas de plátano
– sal

1. Hierva en 2 tazas de agua las cáscaras de tomate.

2. Remoje 20 hojas de chaya en agua caliente y píquelas finamente.

3. Mezcle las harinas de maíz y de trigo con el polvo de hornear, la sal, la manteca semiderretida y el agua donde hirvieron los tomates. Amase hasta obtener una mezcla suave. Agregue la chaya picada y revuelva.

4. Cueza los huevos 15 minutos. Pélelos y píquelos.

5. Disuelva la pepita en un poco de agua hasta formar una pasta espesa y lícuela con el chile.

6. En las hojas de chaya que quedan, ponga una capa gruesa de la masa. Coloque huevo picado sobre la masa con bastante pasta de pepita. Enrolle la masa con la hoja de chaya.

7. Ase las hojas de plátano.

8. Envuelva el tamal de chaya en hojas de plátano y cueza al vapor. Cuando esté cocido quite la hoja de plátano y corte en rebanadas. Al servir, cubra con el resto de la pepita preparada y del huevo picado.

Sopes de Colima

Masa

- 1 1/2 tazas de masa para tortillas
- 1 taza de harina de trigo
- 1 huevo
- 3 chiles serranos
- 1 cucharada sopera de manteca
- 1 cucharada sopera de polvo para hornear
- – manteca para freír
- – sal

Relleno

- 1 taza de frijol bayo cocido

Salsa

- 2 jitomates
- 1 diente de ajo
- 1 trozo de cebolla
- – chile verde al gusto
- – sal

Adorno

- 1 lechuga finamente picada
- 2 chorizos desmenuzados y fritos
- 1 taza de queso añejo
- 2 aguacates cortados en rajitas
- 10 rabanitos cortados en rodajas

1. Licue los chiles y mézclelos con la masa, la harina, el huevo, una cucharada de manteca, sal y polvo de hornear. Haga tortillas chicas y cuézalas.

2. Licue el frijol cocido sin su caldo.

3. Licue los jitomates con el chile, el ajo, y la cebolla. Fría hasta que sazone y añada sal.

4. Desmenuce y fría el chorizo y escúrralo.

5. Para formar los sopes, embarre la mitad de las tortillas con frijol y cúbralas con las demás. Fría los sopes en manteca y escúrralos.

6. Póngalos en un platón y báñelos con la salsa.

7. Ponga encima chorizo frito, rebanadas de aguacate, queso añejo y rodajas de rábano y lechuga picada.

Enchiladas de verduras

1/4 kg de carne molida de puerco
18 tortillas chicas
10 chiles guajillos
1 cucharada cafetera de azúcar
1 cebolla picada finamente
2 dientes de ajo
1 papa pelada y picada
1/2 taza de chícharos
1/2 taza de ejotes picados
1/2 taza de zanahorias picadas
1/4 taza de cacahuates pelados
1 tazas de pasas
10 aceitunas picadas
1 lechuga grande
1 taza de queso rallado
1 manojo de rabanitos
1 pizca de carbonato
– manteca para freír
– sal

1. Remoje y desvene los chiles. Lícuelos en un poco de agua con la cebolla, el ajo, el azúcar y la sal. Fría ligeramente.

2. Cueza los chícharos, los ejotes, la papa y las zanahorias en agua con carbonato. Escurra.

3. Fría la carne en manteca hasta que esté bien cocida. Baje la flama y añada las aceitunas picadas, las pasas y los cacahuates. Fría un poco más.

4. Pase las tortillas por aceite caliente. Haga tacos con el picadillo. Bañe los tacos con la salsa de chile guajillo. Cubra con las verduras cocidas. Adorne con lechuga picada, rabanitos y queso rallado.

53

Papadzules

1 taza de semillas de calabaza (ya limpias o polvo preparado)
18 tortillas
6 huevos
2 tazas de caldo de pollo
1 rama de epazote
– manteca para freír
– sal

1. Cueza los huevos 5 minutos. Páselos por agua fría, pélelos y píquelos.

2. Dore las semillas ligeramente y lícuelas junto con el epazote en un poco de agua.

3. Fría en una cacerola, con manteca, la mezcla de la pepita; añada sal y 2 tazas de caldo de pollo.

4. Bañe las tortillas en esta salsa y haga con ellas unos tacos rellenos de huevo picado. Acomódelos y cúbralos con la misma salsa y un poco de huevo picado.

(Puede acompañar con lechuga, rabanitos y chile habanero).

Verduras y salsas

Las verduras se visten de fiesta

La mayor parte de las verduras pueden comerse crudas. Hay que lavarlas bien. Para una celebración, las verduras son un buen complemento del plato principal como ensalada o como entremés. No es necesario pelar los pepinos, la cáscara también es muy nutritiva; antes de rebanarlos corte los extremos y raye el cuerpo de la fruta con un tenedor.
A las alcachofas se les cortan las puntas duras de las hojas y el tallo con una tijera de cocina. Se les pasa limón por las puntas cortadas para que no se oscurezcan y ya están listas para cocinarse. La berenjena, poco utilizada en México pero muy nutritiva y sabrosa, no tiene que remojarse ni pelarse si está tierna. Córtela en trozos pequeños, en rebanadas a lo largo o en rodajas y cocínela de inmediato para que no se ponga negra.

Budín de huitlacoche

18	tortillas
3	jitomates
2	**tazas de huitlacoche desmoronado**
1	**taza de queso añejo**
1/2	cebolla picada
3	**dientes de ajo picados**
2	**ramas de epazote**
–	**aceite para freír**
–	**sal**

1. Pase las tortillas por aceite y escúrralas.

2. Ase los jitomates y lícuelos con la cebolla y el ajo. Fría con el huitlacoche y el epazote, hasta que sazone. Añada sal.

3. Coloque en una cacerola una capa de tortillas báñelas con salsa de jitomate y huitlacoche y ponga un poco del queso rallado. Ponga otra capa de tortillas, otra de salsa, y así hasta terminar con tortillas, salsa y queso.

4. Tape bien la cacerola y déjela a fuego bajo hasta que el queso se derrita. Puede hacerlo al horno con un molde refractario engrasado. Sirva caliente.

Rosca de papa

6 papas
1/2 taza de leche
1/2 barrita de margarina
1/2 taza de queso añejo
4 huevos
2 cucharadas soperas de harina
1 cucharada cafetera de polvo de hornear
– sal

1. Cueza las papas, pélelas y macháquelas.

2. Añada la margarina, la harina, las yemas, el queso rallado, el polvo de hornear y sal. Revuelva muy bien.

3. Bata las claras a punto de turrón e incorpórelas a la mezcla.

4. Engrase y cubra de pan molido las paredes y el fondo de un molde en forma de rosca. Vierta el puré. Métalo al horno durante unos 45 minutos. (Desmolde y sirva poniendo en medio de la rosca berros o lechuga aderezados con aceite y vinagre.)

Romeritos

1 kg de romeritos
1 1/2 tazas de pasta
de mole
4 tazas de
consomé
6 nopales
3 papas grandes
1 diente de ajo
picado
– sal

Para las tortas de camarón

3 huevos
4 cucharadas de
camarón molido
– aceite para freír

1. Limpie, lave y cueza los romeritos en agua con sal; escúrralos y exprímalos.

2. Para hacer las tortas de camarón, bata las claras a punto de turrón, incorpore las yemas medio batidas y el camarón molido. Mezcle. En una sartén con aceite caliente, coloque cucharadas de la mezcla y fría.

3. Cueza los nopales con un diente de ajo. Escúrralos y píquelos.

4. Cueza las papas, pélelas y córtelas en cuadritos.

5. Mezcle la pasta de mole con el consomé y deje hervir un momento. Agregue los nopales, las papas, los romeritos y finalmente las tortas de camarón. Deje hervir un poco más y sirva.

Camote en chile ancho

4 camotes blancos
3 chiles anchos
1 trozo de cebolla
1 diente de ajo
— azúcar
   mascabado
— sal

1. Cueza los camotes. Pélelos y rebánelos.
2. Tueste, desvene y remoje los chiles. Licúelos con el ajo y la cebolla en 1/2 taza de agua y sal.
3. En un molde refractario engrasado acomode las rebanadas de camote, báñelas con la salsa de chile y espolvoree con un poco de azúcar mascabado.
4. Hornee a fuego alto (precalentado) hasta que doren los camotes.

59

Chiles en nogada

12 chiles poblanos
6 huevos
2 tazas de harina
– hierbas de olor
– sal

Relleno

1/2 kg de lomo de puerco
4 jitomates
1 trozo de cebolla
4 dientes de ajo picados
1 taza de almendras peladas
1 plátano macho
2 duraznos pelados
2 peras peladas
2 manzanas peladas
1/2 taza de pasas
1 acitrón picado
1 cucharada cafetera de azúcar
– aceite para freír
– sal y pimienta

Nogada

2 tazas de nuez de castilla sin cascarón ni papel
3 tazas de crema
4 granadas desgranadas
– azúcar al gusto

1. Cueza bien el lomo de puerco, enfríe y deshebre.

2. Ase los jitomates, pélelos y lícuelos con ajo y cebolla.

3. Fría el plátano y píquelo. Para hacer el relleno, fría el jitomate licuado hasta que sazone.

4. Añada las pasas, el acitrón, las frutas y las almendras picadas, la carne deshebrada, el azúcar, sal y pimienta. Baje la flama y cueza unos 20 minutos.

5. Ase, pele y desvene los chiles. Hiérvalos durante unos minutos en agua con sal y hierbas de olor. Escúrralos y séquelos. Rellénelos. Enharínelos.

6. Bata las claras a punto de turrón, incorpore las yemas una a una.

7. Pase los chiles enharinados y rellenos por los huevos batidos. Fríalos y colóquelos sobre un papel de estraza para que se absorba la grasa. Acomódelos en un platón.

8. Para hacer la nogada, licue las nueces limpias con la crema. Añada azúcar al gusto.

9. Para servir vierta la nogada sobre los chiles y adorne con la granada.

Croquetas de coliflor

1 coliflor
2 huevos
1/2 taza de harina
1/2 taza de queso en
 tiras
2 hojas de laurel
— aceite para freír
— sal

1. Corte la coliflor en ramitos y cuézala en agua con sal y dos hojas de laurel. Escurra y deje enfriar.

2. Bata las claras a punto de turrón y añada las yemas.

3. Inserte tiras de queso en los ramitos y enharínelos. Báñelos en el huevo batido. Fríalos. Escúrrales la grasa.

Budín de ejotes

1 kg de ejotes
   tiernos
6 rebanadas de
   jamón
1/2 barrita de
   margarina
1 taza de crema
3 cucharadas
   soperas de pan
   molido
2 cucharadas
   soperas de
   queso añejo
   rallado
- sal

1. Limpie y corte los ejotes en trozos chicos. Cuézalos en agua con sal y escúrralos.

2. Engrase un molde refractario y ponga una capa de ejotes, otra de crema, pan molido, jamón picado, queso rallado y trocitos de margarina. Repita hasta terminar los ingredientes.

3. Hornee a fuego alto hasta que dore un poco.

Chícharos con almendras

3 **tazas de chícharos**
1/2 **taza de almendras**
6 **tiras de tocino picado**
1/2 **cebolla picada**
  – **aceite para freír**
  – **sal y pimienta**

1. Cueza los chícharos en agua con sal hasta que estén tiernos, pero todavía firmes. Escúrralos.

2. Remoje las almendras en agua hirviendo y pélelas.

3. Fría el tocino, la cebolla y las almendras hasta que doren ligeramente. Baje la flama. Agregue los chícharos, la crema, sal y pimienta. Sirva antes de que hierva la crema.

Rollitos de col

18 hojas de col
2 tazas de arroz integral
3 manzanas peladas y cortadas en cuadritos
1 barrita de margarina
1 taza de jugo de naranja
1/2 cebolla picada
4 zanahorias cortadas en cuadritos
1 hoja de laurel
– sal y pimienta

1. Limpie y hierva el arroz en 4 tazas de agua con sal, hasta que esté tierno.
2. Cueza las zanahorias.
3. Fría con 1/2 barrita de margarina la cebolla, la manzana y el arroz, mezcle y añada sal y pimienta.
4. Separe y lave las hojas de col con agua hirviendo, escúrralas, ponga una cucharada de mezcla de arroz sobre cada hoja, enróllelas y sujételas con un palillo.
5. En una cacerola grande, con el resto de la margarina, fría las zanahorias y apártelas, agregue rollitos de col y fría durante unos minutos; añada el jugo de naranja y el laurel. Tape la cacerola y hierva a fuego bajo hasta que se cuezan. Adorne con las zanahorias.

65

Huauzontles capeados

1 kg de huauzontles
1 trozo de cebolla
1 diente de ajo
4 huevos
1/2 taza de harina
12 rebanadas de queso fresco
– aceite para freír
– sal

Para el adobo

6 chiles anchos
3 dientes de ajo
1 trozo de cebolla
1/2 jitomate
5 pimientas
2 clavos
1 pizca de orégano

1. Limpie los huauzontles y cuézalos en poca agua con el trozo de cebolla, ajo y sal. Escúrralos bien.

2. Bata las claras a punto de turrón. Añada las yemas y mezcle.

3. Corte el tallo a los huauzontles y en medio de las hojas coloque una rebanada de queso. Apriete con las manos para formar las tortitas.

4. Enharine las tortitas. Páselas por el huevo batido y fríalas.

5. Para hacer el adobo, desvene, ase y remoje los chiles. Lícuelos con el ajo, la cebolla, el jitomate y las especias. Fría la mezcla hasta que sazone y añada 3 tazas de agua.

6. Agregue las tortas de huauzontle al adobo, deje hervir unos minutos y sirva.

Alcachofas al horno

6 alcachofas
1 taza de queso rallado
6 rebanadas de jamón
1/2 barrita de margarina
– jugo de 1 limón
– sal

1. Lave bien las alcachofas y córteles el tallo y las puntas. Cuézalas en agua hirviendo con sal y limón, escúrralas y déjelas enfriar.

2. Con cuidado coloque suficiente queso, jamón picado y trocitos de margarina entre las hojas de alcachofa. Amarre cada alcachofa con un hilo para que no se abran las hojas.

3. Colóquelas en un molde refractario engrasado y hornee a fuego alto durante unos 10 minutos para que se derrita el queso. Quite el hilo y sirva caliente.

67

Verdolagas al vapor

1 **manojo grande de verdolagas**
1 **cebolla**
2 **jitomates**
1 **diente de ajo**
1/4 **taza de crema**
1/2 **taza de queso chihuahua rallado**
− **aceite para freír**
− **sal y pimienta**

1. Limpie, corte los tallos y cueza las verdolagas en poca agua con sal. Escurra bien.

2. Licue el jitomate con el ajo y la cebolla. Cuele y fría hasta que sazone.

3. Baje la flama. Agregue las verdolagas picadas y la crema y añada sal y pimienta. Sirva con el queso rallado encima.

Ensalada de naranja

1 **lechuga romanita**
1 **manzana**
1 **naranja**
2 **ramas de apio picado**
1 **cucharada cafetera de mostaza**
1 **pizca de paprika**
- **jugo de 2 naranjas**
- **jugo de 2 limones**
- **sal**

1. Lave, desinfecte y seque las hojas de lechuga y el apio.
2. Pele y rebane la naranja.
3. Pele la manzana, quítele el corazón y rebánela.
4. Coloque las hojas de lechuga, el apio y las rebanadas de fruta en una ensaladera. Enfríe unos minutos.
5. Mezcle el jugo de naranja y el jugo de limón con la mostaza; agregue la paprika y sal. Vierta la salsa sobre la ensalada. Mezcle ligeramente y sirva en seguida.

69

Ensalada de Navidad

3 betabeles grandes limpios y lavados

1/2 lechuga orejona picada

3 trozos de caña de azúcar

4 naranjas con cáscara

3 plátanos machos con cáscara

3 manzanas

3 limas con cáscara

3 jícamas limpias y peladas

3 limones reales con cáscara

1 taza de cacahuates

1/2 taza de colación

1. Haga rodajas con las naranjas, las limas, los plátanos machos, los limones reales, las manzanas y las jícamas. Pele la caña y haga tiritas.

2. Cueza los betabeles con un poco de azúcar en 6 tazas de agua. Conserve el caldo. Rebane los betabeles.

3. En una ensaladera, mezcle las rodajas de las frutas con las tiritas de caña y las rebanadas de betabel. Vierta parte del caldo en que se coció el betabel. Enfríe.

4. Al servir cubra con lechuga picada, cacahuates y colación.

Salsa de tuétano

1 kg de huesos
  con tuétano
1 jitomate
3 chiles anchos
1 cebolla
1 diente de ajo
− sal y pimienta

1. Desvene y remoje los chiles. Licuelos con el jitomate, el ajo y la cebolla.
2. Remoje los huesos en agua caliente, cuando se ablande el tuétano, sáquelo y póngalo en una cacerola sobre el fuego. Añada sal y pimienta y fría a fuego bajo sin dejar de mover, hasta que se deshaga el tuétano.
3. Vierta el jitomate y el chile licuados sobre el tuétano. Fría unos minutos y sirva muy caliente.

Salsa brava

20 chiles cascabel
10 chiles guajillo
 5 chiles de árbol
 1 raja de canela
10 pimientas
   gordas
 3 clavos
 1 pizca de comino
 1 cucharada
   cafetera de
   orégano molido
 3 cucharadas
   soperas de
   vinagre
 1 cebolla
 4 dientes de ajo
 − sal

1. Desvene y lave los chiles; hiérvalos ligeramente y muélalos con la canela, las pimientas, los clavos, el comino, el orégano, la cebolla, los ajos y el vinagre. Añada sal. (Acompaña a cualquier tipo de carne).

71

Salsa a la crema

10 chiles jalapeños
1 taza de crema
1 cebolla picada finamente
- sal y pimienta

1. Ase los chiles, quíteles la piel, desvénelos y pártalos en rajas.
2. Revuelva las rajas con los demás ingredientes.

Salsa borracha

20 chiles pasilla
1 cabeza de ajo
1/2 litro de pulque
- queso añejo
- aceite para freír
- sal

1. Quite los rabos a los chiles y fríalos. Escúrralos y póngalos a remojar en el pulque durante toda la noche, junto con la cabeza de ajo.
2. Aparte ésta y deshaga los chiles con la mano.
3. Sirva en cazuela de barro y espolvoree con sal y queso añejo.
(Esta salsa no puede guardarse más de un día.)

Carnes

¿Qué prefiere usted? ¿Una barbacoa o una pierna adobada?

La carne es el platillo principal. Hay muchos métodos de preparar las carnes y, para las fiestas, pueden presentarse con salsas, a la cazuela, en escabeche o asadas y combinadas con todo tipo de sabores agridulces o especiados.

Para las grandes fiestas prepare una pierna de cerdo o de carnero bien adobada. Un cuete mechado al vino tinto exige una larga cocción pero es muy rendidor y muy sabroso. Para fiestas en el campo es ideal la barbacoa, que casi no tiene grasa y rememora las viejas costumbres indígenas y coloniales. Sírvala con salsa borracha y acompáñela con un pulque curado de apio o de piña.

Pierna en sidra
(para 20 personas)

1 **pierna de puerco
de 6 kg**
15 **ciruelas pasas**
1/2 **botella de sidra**
1/2 **taza de
almendras**
6 **dientes de ajo**
1 **lata de jugo de
piña**
1 **cebolla**
2 **cucharadas de
manteca**
- **sal y pimienta**

1. Lave bien la pierna y séquela.
2. Píquela un poco con un tenedor.
3. Licue ajo, cebolla, pimienta y sal con una taza de sidra; bañe la pierna con esta mezcla y déjela reposar, por lo menos 6 horas.
4. Remoje las almendras en agua caliente y pélelas.

5. Hierva ligeramente las ciruelas en 1/2 taza de agua y deshuéselas.
6. Con un cuchillo hágale incisiones a la carne e introduzca en ellas las ciruelas y las almendras.
7. Con una jeringa inyecte la pierna (en cuatro o cinco puntos) con 1/4 de taza de sidra. Úntela con 2 cucharadas de manteca y hornéela a fuego medio, en charola ligeramente engrasada y cubierta con papel aluminio.
8. Con el jugo en que la maceró y una lata de jugo de piña, báñela de vez en cuando (tarda unas 6 horas en cocer en horno a fuego medio).

75

Cochinita pibil (para 12 personas)

1 cochinita tierna de 4 o 5 kg
4 pastillas de achiote
1/2 taza de vinagre
25 pimientas negras
12 dientes de ajo
1 cucharada cafetera de cominos
2 hojas de plátano
– jugo de 10 naranjas agrias
– sal

1. Lave y limpie bien la cochinita. Hágale incisiones.

2. Disuelva la pasta de achiote en el vinagre. Ase los ajos y lícuelos con las especias, el achiote disuelto y la sal.

3. Mezcle lo anterior con el jugo de las naranjas agrias.

4. Coloque la cochinita en un recipiente, úntela y luego báñela con la mezcla y déjela reposar.

5. Ase ligeramente las hojas de plátano y forre con ellas el interior de una cazuela grande. Coloque ahí la cochinita. Vierta sobre ella la salsa en donde reposó. Envuélvala completamente con las hojas de plátano. Hornee a fuego medio hasta que esté muy tierna (de 3 a 4 horas).

Pierna en adobo

(para 20 personas)

- 1 pierna de puerco de 6 ó 7 kg
- 6 chiles anchos
- 1/4 taza de vinagre
- 1 taza de vino blanco
- 1 cebolla
- 6 dientes de ajo
- 6 clavos
- 2 cucharadas soperas de manteca
- – sal y pimienta

1. Lave la pierna y séquela.

2. Licue los ajos, la cebolla y los clavos con sal y pimienta y con 3/4 de taza de vino blanco.

3. Coloque la pierna en una cazuela; hágale incisiones y báñela con la mezcla de vino y especias. Déjela reposar, tapada, durante la noche en un lugar fresco.

4. Tueste, desvene y remoje los chiles. Lícuelos con el agua en que los remojó y el vinagre.

5. Inyecte la pierna en varios lugares con 1/4 de taza de vino. Embárrela con el chile molido y úntela con un poco de manteca.

6. Engrase ligeramente la charola de hornear, ponga la pierna y cúbrala con papel aluminio.

7. Mezcle el sobrante de salsa de chile con el jugo donde reposó la pierna. Mientras se hornea a fuego medio, báñela de vez en cuando con este jugo, levantando el papel aluminio y volviendo a tapar.

8. Tarda aproximadamente 6 horas en cocer (una hora por kg) porque tiene que quedar suave y perfectamente cocida.

77

Carne enrollada

1 kg de lomo de puerco, extendido para rellenar

3 rebanadas de jamón picado

2 huevos

1 chile poblano

1 pimiento rojo picado

1 cucharada cafetera de harina

1/2 taza de vino blanco

2 dientes de ajo picados

1/4 cucharada cafetera de clavo molido

1/4 cucharada cafetera de pimienta molida

1 pizca de canela

– manteca para freír

– sal

1. Licue en poca agua el ajo, el clavo, la pimienta, la canela y sal. Unte el lomo con esta pasta y déjelo reposar en un lugar fresco durante 2 horas. Sáquelo, escúrralo y extiéndalo.

2. Mientras reposa la carne, ase, limpie, desvene y pique el chile poblano. Cueza los huevos durante 15 minutos, pélelos y píquelos.

3. Coloque un poco del jamón picado en un extremo de la carne y enrolle un poco. Ponga luego el pimiento y vuelva a enrollar; siga con el chile poblano y con el huevo; repita hasta terminar el relleno. Ate bien el rollo con hilo.

4. Fría el rollo hasta que se dore parejo. Apártelo. Cuele la grasa para limpiarla y fría en ella la harina hasta que dore: añada después el vino con 3 tazas de agua y sal. Regrese el rollo, tápelo y cueza a fuego medio durante 2 horas o hasta que esté bien cocido. Sirva en rebanadas delgadas.

Conejo en mostaza

1 **conejo cortado en piezas**
3 **cucharadas soperas de mostaza**
4 **cucharadas soperas de harina**
6 **rebanadas de tocino picado**
3 **dientes de ajo**
1/2 **taza de vino blanco**
1 **cebolla rebanada**
3 **ramas de perejil**
– **margarina para freír**
– **sal y pimienta**

1. Lave y limpie el conejo. Cuézalo en poca agua con sal hasta que se suavice, sin que se desbarate.

2. Escurra y seque las piezas y úntelas con mostaza. Deje reposar unas 3 horas.

3. Enharine las piezas de conejo, dórelas en margarina y retírelas de la cazuela.

4. Fría el tocino. Añada la cebolla y el ajo y siga friendo hasta que se transparenten. Escurra un poco de la grasa.

5. Regrese las piezas del conejo a la fritura, añada el vino blanco, sal, pimienta y perejil picado. Cueza a fuego bajo unos 15 minutos.

79

Barbacoa (para 20 personas)

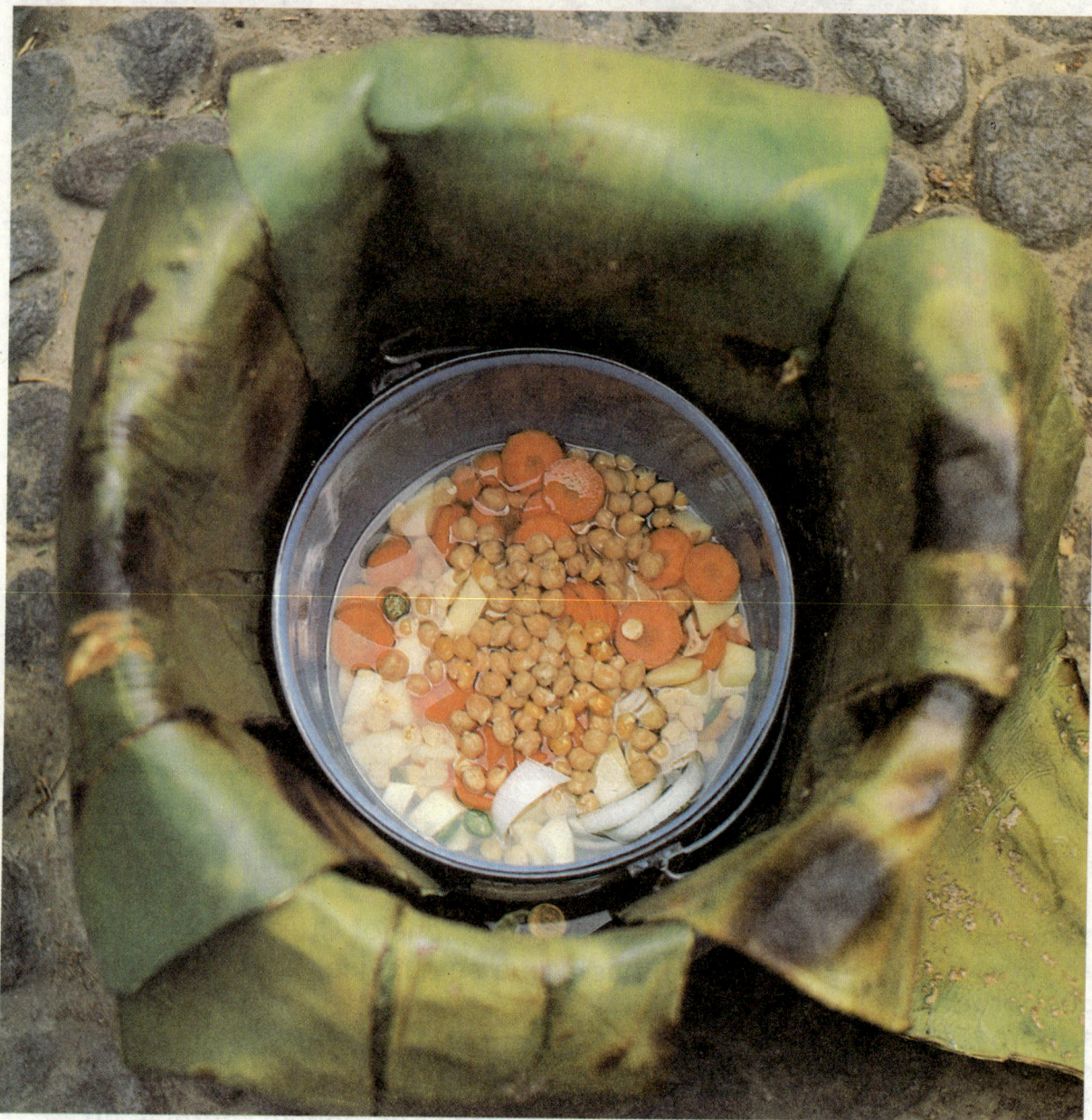

Consomé

- 2 papas
- 2 zanahorias
- 1/2 taza de garbanzo
- 1/2 cebolla
- 3 cucharadas soperas de arroz limpio
- — chile serrano al gusto
- — sal en grano

1. Remoje el garbanzo unas horas.

2. Haga rodajas de zanahoria, papa y chile.

3. Ase las pencas de maguey hasta que se quemen y se pongan suaves.

4. Vierta 24 tazas de agua sobre el fondo del bote. Coloque la parrilla.

5. Forre el bote con las pencas de maguey. Ponga las papas, la zanahoria, los chiles, la cebolla, el arroz y los garbanzos, con una taza de agua, en una cazuela y colóquela sobre la parrilla.

7 kg de carne de
  borrego surtida
4 pencas de
  maguey para
  barbacoa

6. Sobre la cazuela de verduras coloque una parrilla de tela de gallinero.
7. Lave y limpie la carne. Séquela, añada sal en grano y colóquela sobre la tela de gallinero.
8. Doble las pencas y entrelácelas para cubrir la carne. Cubra todo con trapos. Apriete y tape el bote.
9. Cueza durante 8 horas.
10. Sirva con salsa borracha, frijoles, tortillas y guacamole.

Pierna de carnero
(para 20 personas)

1 **pierna de carnero de unos 6 kg**
2 **rebanadas de jamón**
11 **cucharadas soperas de vinagre**
3 **cebollas**
6 **dientes de ajo**
6 **chiles anchos**
6 **clavos de especia**
20 **pimientas**
1 **rajita de canela**
1 **cucharada cafetera de orégano**
- **hierbas de olor**
- **manteca para freír**
- **sal y pimienta**

1. Lave muy bien la pierna.

2. Pique y licue el jamón con tres cucharadas de vinagre y añada sal y pimienta. Haga incisiones en la pierna y unte perfectamente con la mezcla.

3. Cubra la pierna con 2 tazas de agua, la cebolla y los ajos rebanados, las hierbas de olor y seis cucharadas de vinagre. Deje reposar durante 12 horas.

4. Escurra bien la pierna y fríala en la manteca. Cuando dore, retírela del fuego.

5. Tueste los chiles, remójelos en agua caliente y lícuelos con las especias, el líquido en el que reposó la pierna y dos cucharadas de vinagre. Unte la pierna con esta mezcla.

6. Coloque la pierna en un molde refractario forrado de papel aluminio. Hornee a fuego medio hasta que esté tierna (3 ó 4 horas). Bañe de vez en cuando con la salsa. (Sirva caliente, acompañado de papas y zanahorias cocidas y aceitunas.)

Birria

1 kg de costillas
de carnero en
trozos
6 dientes de ajo
1 cebolla
3 hojas de laurel
1 pizca de
cominos
– chile guajillo al
gusto
– sal y pimienta

1. Cueza la carne con los ajos y la cebolla, con suficiente agua para cubrirla.
2. Ase, desvene y remoje los chiles. Licuelos con el agua en donde los remojó.
3. Vierta y cuele la salsa licuada en la olla donde se está cociendo la carne. Agregue 3 hojitas de laurel, el comino, sal y pimienta. Espere a que la carne esté suave.

Salsa

1/2 taza de vinagre
2 dientes de ajo
– chile piquín o de
árbol

Remoje los chiles y los ajos en el vinagre y muela.
(Para servir acompañe con la salsa y cebolla picada, limón en rodajas y orégano).

83

Mixiotes

1 1/2 kg de carne surtida de carnero en trozos
12 chiles anchos
10 chiles morita
4 dientes de ajo
1/2 cucharada cafetera de comino
6 hojas de aguacate cortadas en trozos
12 mixiotes
- sal

1. Limpie los chiles, desvénelos, remójelos y lícuelos con los ajos, el comino y un poco de sal.

2. Coloque los trozos de carnero lavados en la salsa de chile y déjelos reposar 4 horas.

3. Remoje los mixiotes.

4. Saque los mixiotes del agua, córtelos en cuadros y coloque, en cada cuadro, trozos de carne con un poco de salsa y media hoja de aguacate. Forme una bolsita y amárrela con un hilo.

5. Cueza las bolsitas en una vaporera a fuego bajo durante tres o cuatro horas. Sírvalas calientes y acompañe con tortillas calientes. (En algunas partes se agrega un poco de pulque al agua de la vaporera.)

Albondigón

1 **kg de carne de res molida**
1 **huevo**
1 **zanahoria rallada**
1 **lata chica de puré de jitomate**
1 **cebolla picada**
1 **rama de apio picado**
1 **cucharada sopera de vinagre**
1 **cucharada sopera de mostaza**
3 **rebanadas de pan desmoronado**
1 **cucharada cafetera de azúcar**
- **aceite para freír**
- **sal y pimienta**

1. Fría primero la cebolla y el apio en aceite, agregue el pan desmoronado y la zanahoria y fría un poco más. Retire del fuego.
2. Mezcle la carne con la fritura anterior, el huevo y 1/2 lata de puré de jitomate. Añada sal y pimienta.
3. En una charola forrada de papel aluminio, forme el albondigón como si fuera una barra de pan.
4. Mezcle el vinagre, el azúcar, la mostaza y el resto del puré de jitomate. Vacíelo sobre el albondigón.
5. Hornee 1 1/2 horas a fuego medio; ya cocido, sirva inmediatamente.

85

Cabrito en chile ancho

 1 cabrito mediano
   (para 12
   personas)
10 chiles anchos
 1 jitomate grande
   asado
 6 cucharadas
   soperas de
   aceite
 5 cucharadas
   soperas de
   vinagre
 1 cebolla
 5 dientes de ajo
 - sal y pimienta

1. Lave bien el cabrito, sáquele las vísceras, límpielo, córtelo en trozos y frótelo con vinagre, sal y pimienta y déjelo reposar 2 horas.
2. Tueste, desvene y remoje los chiles. Licuelos con el ajo, el jitomate, la cebolla y el aceite. Cuele.
3. Embarre el cabrito en la salsa de chile y acomódelo en una charola, cubierta con papel aluminio junto con el higado y los riñones limpios. Hornee a fuego medio, aproximadamente dos horas, según el tamaño del cabrito. (Sirva con frijoles de olla y tortillas calientes.)

Cabrito en cerveza

1 cabrito mediano (para 12 personas)
2 botellas de cerveza
1 cucharada sopera de pimienta
10 dientes de ajo
1 cebolla
2 cucharadas soperas de azúcar
- jugo de 2 limones
- sal

1. Lave, saque las vísceras y limpie el cabrito. Pártalo en trozos.

2. Muela el ajo, la cebolla, el azúcar, la pimienta y sal con el jugo de limón y mezcle con la cerveza.

3. Para macerar, remoje los trozos de cabrito durante unas horas en la salsa de cerveza.

4. Hornee a fuego medio con el líquido en que se maceró, durante 2 ó 3 horas, según el tamaño del cabrito. Báñelo de vez en cuando con su salsa, para que no se seque demasiado.

5. Junto con el cabrito puede hornear los riñones y el hígado, si quiere comer la riñonada. (Puede hacerse entero o en piezas).

Lengua en pipián

1 **lengua de res**
1 **taza de pepita de calabaza**
2 **trozos de cebolla**
2 **dientes de ajo**
1 **cucharada cafetera de pimiento molido**
- **aceite para freír**
- **sal**

1. Limpie, lave y cueza la lengua con un trozo de cebolla en 2 tazas de agua; cuando esté tierna, déjela enfriar y córtela en rebanadas.

2. Tueste las semillas de calabaza y lícuelas en un poco de agua con el ajo, el otro trozo de cebolla y el pimiento, añada sal y fríalas hasta que se sazone la mezcla. Agregue más agua si queda espeso.

3. Agregue las rebanadas de lengua, hierva un poco más y sirva.

Lengua en naranja

- 1 lengua de res
- 3 cucharadas soperas de cebolla picada
- 2 dientes de ajo
- 1 cucharada sopera de harina
- 2 cucharadas soperas de azúcar
- 1 cucharada sopera de mostaza
- 1 taza de vino blanco
- 1 pizca de canela
- 1 pizca de clavo
- 1 pizca de salvia
- — jugo de 3 naranjas
- — margarina para freír
- — sal y pimienta

1. Lave la lengua; cuézala en agua sin sal hasta que esté tierna (en olla exprés unos 40 minutos). Deje enfriar y rebane.

2. Fría la cebolla y el ajo hasta que se transparenten. Añada la harina y dórela. Agregue una taza del caldo colado, en donde coció la lengua, con el azúcar y el jugo de naranja, sal y pimienta, moviendo continuamente; deje hervir 15 minutos a fuego bajo.

3. Añada las rebanadas de lengua. Agregue las especias, el vino y la mostaza. Deje cocer 20 minutos más.

89

Sesos en mantequilla

3 sesos
1 barrita de
mantequilla
6 dientes de ajo
1 cucharada de
perejil
– sal y pimienta

1. Licue el ajo en un poco de agua.

2. Limpie los sesos y póngalos a cocer. Déjelos enfriar y córtelos en rebanadas no muy delgadas.

3. Fría la mantequilla y, cuando empiece a oscurecer, agregue el ajo molido y fría otro poco.

4. Fría los sesos un momento y acomódelos en un platón. Póngales sal, pimienta y perejil picado.

5. Justo antes de servir báñelos con mantequilla hirviendo.

Tarta de riñones

Relleno:

- 1 kg de riñones
- 1/2 taza de jerez
- 1 cebolla
- 2 dientes de ajo
- 2 cucharadas soperas de perejil picado
- 1 cucharada sopera de harina
- — vinagre
- — aceite para freír
- — sal y pimienta

Pasta:

- 1 1/2 tazas de harina
- 1 barrita de margarina
- 2 huevos
- 1/2 cucharada cafetera de sal
- 1 pizca de carbonato
- 1 yema de huevo para barnizar

1. Limpie los riñones, píquelos finamente y póngalos a desflemar en un recipiente con agua, vinagre y sal, durante 15 minutos. Enjuáguelos.

2. Fría los riñones en aceite con el ajo y la cebolla picados. Agregue el perejil, el jerez, la harina disuelta previamente en un poco de agua, sal y pimienta, y espere a que se cuezan los riñones y espese la salsa.

3. Para hacer la pasta, cierna la harina con la sal, agregue la margarina y mezcle con un tenedor. Añada los huevos, la pizca de bicarbonato y una cucharada sopera de agua helada, procurando no tocar la masa con los dedos. Divida la masa en dos partes.

4. Extienda una parte de la masa con un rodillo sobre una superficie enharinada, hasta formar una tortilla. Engrase y enharine un molde y fórrelo con la masa extendida. Métala al horno para que cueza un poco.

5. Sáquela del horno y rellénela con los riñones. Tápela con la otra capa de masa extendida. Pellizque las orillas para sellarla. Píquela con un tenedor. Barnícela con yema de huevo. Métala nuevamente al horno hasta que la pasta se cueza y dore.

91

Mondongo

1 kg de mondongo
   precocido
   (panza, pata,
   libro, callo)
1/2 pastilla de
   achiote
3 jitomates
1/2 cebolla
4 dientes de ajo
1 rama de epazote
– jugo de 3
   naranjas agrias
– sal

1. Disuelva el achiote en el jugo de las naranjas agrias.

2. Lave bien el mondongo. Cuézalo en suficiente agua con el jitomate partido en cuartos, el epazote, la cebolla, el achiote, los dientes de ajo y sal. Cueza hasta que la carne esté suave.

(Para servir acompañe con cebolla picada, orégano, chile habanero y medios limones.)

Aves

¡Viva el mole de guajolote!

Lo tradicional para una fiesta es el mole de guajolote. Puede comprarse preparado pero, si se tiene tiempo, es mucho mejor hacerlo en casa: el resultado compensa con creces el trabajo, sobre todo si toda la familia participa en su elaboración porque, desde el momento de cocinarlo, empieza la fiesta.

En las navidades se come pavo: si lo cocina a la manera tradicional que nos viene del norte, puede rellenarlo con carne molida, pasas, vino y especias, o con pan, verduras y chile ancho.

El pollo puede cocinarse con hierbas aromáticas o con relleno de arroz integral.

Mole negro de Oaxaca

  1 guajolote
  8 chilhuacles negros
  8 chilhuacles rojos
  8 chiles mulatos negros
  8 chiles guajillo
  2 tortillas secas
  3 tablillas de chocolate
 10 hojas de aguacate
  2 jitomates grandes
 15 miltomates
  2 cebollas
  2 cabezas de ajo
  2 cucharadas soperas de
    pepita de calabaza pelada
  2 cucharadas soperas de
    cacahuate pelado
  2 cucharadas soperas de
    nuez pelada
  2 cucharadas soperas de
    almendra remojada y sin
    cáscara
1/4 cucharada sopera de
    mejorana
  1 cucharada sopera de
    orégano
  1 cucharada cafetera de
    tomillo
  1 raja de canela
  1 cucharada cafetera de
    anís
  1 cucharada cafetera de
    cominos
  5 pimientas negras
  5 pimientas gordas
  5 clavos
  1 pan dulce (de yema)
 10 cucharadas soperas de
    manteca
  – sal

1. Limpie bien el guajolote y pártalo en piezas. Cuézalo en suficiente agua y sal.

2. Parta, desvene y corte los rabos a los chiles. Conserve las semillas.

3. Para formar la pasta de mole, fría los chiles, uno a uno, en una sartén con manteca, hasta que se doren. Después el cacahuate, las semillas de calabaza, las almendras, las nueces y las semillas de los chiles.

4. Coloque todo lo frito en una cazuela. Añada el chocolate, el pan

de dulce y las especias.

5. Tueste las tortillas hasta que se ennegrezcan, remójelas y añádalas a lo tostado.

6. Muela todo, salvo las hojas de aguacate. Así queda la pasta seca de mole. (Se sugiere mandar moler en un molino los chiles.)

7. Ase los jitomates, los miltomates, los ajos sin pelar y las cebollas. Licuelos.

8. Disuelva la pasta seca de mole en el agua en que se coció el guajolote.

9. En una cazuela grande, fría en manteca la mezcla de jitomate y miltomate hasta que sazone. Luego agregue la pasta de mole. Mueva continuamente un largo rato (más de una hora) hasta que tome su punto.

10. Tueste las hojas de aguacate y añádalas al mole. Agregue sal. Siga moviendo.

11. Para servir, en platos individuales ponga una pieza de guajolote y báñelo con mole. Se recomienda cocinar la víspera para que el mole tome su punto.

Pavo de Navidad

1 pavo de 6 ó 7 kg (para 15 personas)
1/2 kg de carne molida de cerdo
6 rebanadas de tocino picado
6 rebanadas de tocino
1/2 taza de jamón picado
1 cebolla picada
3 dientes de ajo picados
2 tallos de apio picados
1/2 taza de almendras peladas y picadas
4 manzanas peladas y picadas
1/2 taza de ciruelas pasas
1/2 taza de vino blanco
1/2 taza de jerez dulce
– aceite para freír
– sal y pimienta

1. Lave bien el pavo: seque por dentro y por fuera y espolvoree con sal y pimienta.

2. Amarre las alas y junte las patas. Póngalo en una olla grande, en agua con sal, hasta que hierva unos minutos. Escúrralo.

3. Para el relleno, fría la cebolla y el ajo en aceite, agregue primero el tocino picado para que dore un poco, luego la carne molida hasta que se cueza, el jamón, las almendras, las ciruelas pasas, la manzana y el apio; añada 1/2 taza de jerez y déjelo hervir hasta que se reseque la mezcla.

4. Inyecte el pavo con 1/2 taza de vino blanco. Desamarre las piernas y rellénelo.

5. Amarre nuevamente; cubra la pechuga con las rebanadas enteras de tocino. Envuélvalo perfectamente bien en papel aluminio y hornéelo a fuego medio durante seis horas aproximadamente (una hora por kg). Báñelo de vez en cuando con su propio jugo. Si siente que está seco añada un poco de agua o vino.

6. Cuando esté bien cocido, destápelo para que dore.

AVES

1 pollo en trozos
10 tomates
1 taza de pepita de calabaza
1/2 taza de ajonjolí
2 cucharadas soperas de almendras peladas
2 hojas de yerba santa
2 clavos
4 ramas de cilantro
2 ramas de epazote
4 pimientas gordas
2 trozos de cebolla
3 dientes de ajo
1 pizca de comino
3 hojas de lechuga
4 tazas de caldo
– chile serrano al gusto
– manteca para freír
– sal

Pollo en pipián

1. Lave y cueza el pollo en agua con un trozo de cebolla.

2. Tueste el ajonjolí y muélalo con las almendras, las pimientas, el clavo y el comino en un poco de agua. Fría en una cazuela con manteca.

3. Licue los tomates, los chiles, el ajo, un trozo de cebolla y las hojas de lechuga. Agréguelo a la cazuela con el cilantro, el epazote y la yerba santa. Siga friendo.

4. Aparte, fría la pepita y lícuela con un poco del caldo en que coció el pollo. Agréguelo a la cazuela. Siga sazonando hasta que tome su punto.

5. Añada los trozos de pollo cocido y 4 tazas de caldo y sal. Hierva un momento y sirva.

1 **gallina grande en piezas**
5 **jitomates pelados**
1 **cebolla**
4 **dientes de ajo**
1 **pedazo de pan**
1 **pizca de canela**
1 **pizca de pimienta**
1 **pizca de clavo**
1/2 **taza de almendras peladas**
– **aceitunas**
– **chile en vinagre**
– **manteca para freír**
– **sal**

Gallina almendrada

1. Lave la gallina y queme en la flama directa los cañones que le hayan quedado. Enjuáguela.

2. Hiérvala en agua con sal, media cebolla y un diente de ajo.

3. Licue los jitomates con la otra media cebolla, los ajos restantes, las almendras, el pan y las especias y fríalos en manteca.

4. Vierta la mezcla en una cacerola con 4 tazas del caldo en que se coció la gallina. Baje el fuego y hierva unos 15 minutos. Al servir, cubra las piezas de la gallina con la salsa y adórnelas con las aceitunas y los chiles en vinagre.

99

Pechugas con elote

3 pechugas
3 elotes
2 chiles poblanos
1/2 taza de queso rallado
1 cucharada de harina
1/2 barrita de margarina
1 taza de leche
– sal y pimienta

1. Lave las pechugas, séquelas y fríalas hasta que doren un poco. Pártalas a la mitad.

2. Deshuéselas y quíteles el pellejo. Añada sal y pimienta. Colóquelas en un refractario.

3. Desgrane los elotes y cuézalos.

4. Ase, sude, desvene y parta los chiles en rajas.

5. Derrita la margarina; añádale poco a poco la harina y la leche, para formar una salsa blanca.

6. Cubra las pechugas con las rajas de chile, los granos de elote y vierta encima la salsa blanca y el queso rallado.

7. Hornee a fuego bajo, hasta que se cuezan, unos 25 minutos, cuidando que no se resequen. Sírvalas muy calientes.

Pollo en mandarina

1 pollo cortado en piezas

1 1/2 tazas de jugo de mandarina

2 mandarinas en gajos

3 cucharadas cafeteras de salsa de soya

2 cucharadas soperas de harina

1/4 taza de azúcar

- margarina para freír

- sal y pimienta

1. Lave las piezas de pollo, séquelas, espolvoree con sal y pimienta.

2. Enharine las piezas del pollo y fríalas en margarina hasta que estén doradas por todas partes. Saque el pollo. Cuele la grasa para que quede limpia. Añada azúcar y deje que se haga caramelo.

3. Regrese el pollo a la cacerola; mezcle con el azúcar acaramelada, agregue el jugo de mandarina y la salsa de soya. Cueza a fuego medio durante unos 30 minutos. Adorne con gajos de mandarina.

Pato en escabeche

1 pato
1/2 taza de vinagre
2 cebollas con
   rabo
1 cebolla morada
   finamente
   rebanada
6 dientes de ajo
3 hojas de
   yerbabuena
12 pimientas
1 taza de
   zanahoria picada
2 lechugas
2 jitomates
   rebanados en
   rodajas
– aceite para freír
– sal

1. Lave el pato con agua caliente, séquelo, humedézcalo con alcohol y flaméelo para quitarle el sabor a humedad.
2. Cueza el pato en suficiente agua con el laurel, las cebollas con rabo, las pimientas, el ajo y la yerbabuena durante 1 1/2 horas, hasta que esté tierno. Escúrralo y deshébrelo.
3. Fría la cebolla morada unos minutos, agregue el vinagre y la sal; añada 2 tazas de caldo en que se coció el pato y las zanahorias. Cueza unos minutos más.
4. Acomode la lechuga picada sobre un platón. Coloque el pato deshebrado, encima vierta la salsa con la cebolla frita, el vinagre y un poco de caldo colado. Adorne con los jitomates rebanados. Sirva frío.
Puede hacerse también con pollo. En este caso no hace falta flamear.

Pescados y mariscos

La excelencia de los mariscos

Aunque estén caros, los mariscos son muy nutritivos y lucidores. Exigen sin embargo algunas precauciones. Aquí enlistamos algunas: Si están en su concha las ostras, las almejas y los mejillones, deben cepillarse muy bien con agua fría y, luego, abrirse con un cuchillo afilado. Las almejas de concha dura deben servirse crudas en media concha, las de concha blanda y los mejillones se cuecen al vapor, sobre una rejilla en una olla con agua bien tapada, hasta que se abran.

Para cocinar los camarones es mejor pelarlos antes. Si se compran congelados, sumérjalos en un recipiente con agua hirviendo y sal. Si está al alcance de su bolsa, la langosta debe guardarse viva en el refrigerador hasta cocinarla. Sumérjala luego con la cabeza hacia abajo en una olla con agua hirviendo. Tápela, déjela un tiempo breve en el agua y ya está lista para servirse con mayonesa o guisarse al gusto.

Los pescados son prácticos y sanos, casi todos pueden cocinarse de la misma manera y por lo general son de cocción rápida. Si su fiesta se improvisa recurra al pescado.

Rollos de pescado

6 filetes de pescado delgados
15 aceitunas sin hueso
6 rebanadas delgadas de queso amarillo
2 limones
1/2 taza de puré de jitomate
1/2 taza de crema
1 cucharada sopera de perejil
– chiles en vinagre
– sal y pimienta

1. Lave los filetes, séquelos y únteles limón, sal y pimienta. Póngales encima una rebanada de queso, aceitunas picadas y chiles en vinagre.
2. Enrolle los filetes y asegúrelos con un palillo.
3. Mezcle la crema con el puré de jitomate.
4. Acomode los rollos en un molde refractario engrasado. Báñelos con la salsa de crema y jitomate. Espolvoree con el resto de las aceitunas y el perejil.
5. Cubra con papel aluminio y hornee 1/2 hora.

104

Pescado en chipotle

6 filetes de pescado
1 taza de crema
1/2 taza de leche
1 diente de ajo
1 trozo de cebolla
– chipotles en vinagre
– margarina para freír
– sal y pimienta

1. Lave bien el pescado y séquelo. Espolvoréelo con sal y pimienta.

2. Fría el ajo y la cebolla hasta que se transparenten. Añada el pescado y fría un poco más.

3. Licue la leche, la crema y el chipotle. Retire ajo y cebolla de la sartén y vierta la salsa sobre los filetes. Deje hervir 10 minutos más y sirva.

Cazón de Navidad
(Para 12 personas)

1 1/2 kg de cazón seco
6 jitomates picados
2 cebollas picadas
1 cabeza de ajos picada
1 manojo de perejil picado
1/2 taza de almendras peladas y picadas
1/2 taza de pasas
1/2 taza de aceitunas
20 papas de cambray
– aceite para freír
– chiles largos

1. Cueza y pele las papas.
2. Lave el cazón en varias aguas para quitarle lo salado.
3. Cuézalo en suficiente agua para cubrirlo, durante unos 15 minutos. Escúrralo y desmenúcelo.
4. Fría el ajo y la cebolla, agregue el jitomate y espere a que sazone. Baje la flama. Añada las pasas, las almendras, el perejil, las papas, las aceitunas y el cazón desmenuzado. Cueza un poco más. Adorne con los chiles largos y sirva.

Paté de pescado

1 lata de atún
1 queso crema chico
1 taza de caldo de camarón
3 gotas de pintura vegetal roja
2 dientes de ajo
1 trozo de cebolla
1 cucharada sopera de gelatina sin sabor
− unas gotas de salsa picante

1. Disuelva la gelatina en la taza de caldo.
2. Escurra el aceite del atún.
3. Licue todos los ingredientes hasta obtener una pasta muy fina.
4. Vacíe en un molde. Refrigere.
5. Para desmoldar, sumerja el molde en agua caliente unos segundos y vacíe sobre un platón.

107

Hueva de pescado guisada

1/2 **kg de hueva de carpa**
2 **jitomates**
1 **cebolla**
1 **diente de ajo pelado**
2 **cucharadas cafeteras de cilantro picado**
– **chile serrano al gusto**
– **aceite para freír**
– **sal**

1. Ponga la hueva en agua con sal y hierva unos 10 minutos. Retírela del fuego, quítele la piel y desmenúcela.

2. Licue un jitomate, media cebolla y el ajo. Fría hasta que sazone y se reseque. Agregue la hueva desmenuzada y el cilantro. Mezcle.

3. Pique la otra media cebolla, un jitomate y los chiles. Sírvalo en platitos separados. Acompañe con tortillas calientes.

Pescado con mariscos

6 **filetes de huachinango**
1/4 **taza de pulpa de jaiba (cocida)**
1 **taza de camarón pacotilla**
2 **docenas de ostiones frescos**
3 **jitomates**
1/2 **cebolla**
3 **dientes de ajo**
12 **aceitunas**
2 **cucharadas soperas de alcaparras**
2 **cucharadas soperas de perejil picado finamente**
– **hierbas de olor**
– **aceite para freír**
– **sal y pimienta**

1. Licue los jitomates con el ajo y la cebolla. Fría hasta que sazone.

2. Agregue las alcaparras, las aceitunas picadas, los camarones, los ostiones y el perejil. Añada sal y pimienta y 1/2 taza de agua. Hierva un momento, retire de la lumbre y agregue la jaiba.

3. Lave bien los filetes de pescado; séquelos.

4. En una cazuela ponga los filetes y cúbralos con la mezcla de mariscos y jitomate. Agregue las hierbas de olor y cueza a fuego bajo durante unos 20 minutos.

109

Rosca de camarón

- 1 taza de camarón pacotilla
- 8 huevos
- 1 1/2 barritas de margarina
- 1/2 taza de chícharos
- 1/2 taza de aceitunas rellenas
- 1/2 latita de pimiento morrón
- 1 taza de salsa de tomate
- 8 cucharadas cafeteras de harina
- 1 cucharada cafetera de polvo de hornear
- – pan molido
- – sal

1. Cueza los chícharos.

2. Derrita la margarina.

3. Bata las claras a punto de turrón e incorpore las yemas una a una. Agregue la harina, el polvo de hornear y la margarina derretida. Bata la salsa de tomate, los chícharos y sal. Mezcle todo bien.

4. Pique los camarones, los pimientos y las aceitunas. Agregue a la mezcla anterior. Revuelva.

5. Engrase un molde; cúbralo de pan molido, vierta la mezcla y hornee a fuego medio hasta que se cueza, unos 30 minutos. (Al introducir un palillo tiene que salir seco.)

6. Al servir acompañe con mayonesa.

Coco con mariscos

6 **cocos tiernos y chicos**
1 **taza de jaiba picada**
1 **taza de camarón fresco**
3 **docenas de ostiones**
1 **filete de pescado partido en cuadros**
2 **jitomates**
1 **cucharada sopera de perejil picado**
1/2 **taza de vino blanco**
1 **cucharada sopera de azúcar**
– **jugo de 1 limón**
– **aceite para freír**
– **sal**

1. Deje la estopa a los cocos. Corte sólo la parte de arriba con serrucho para formarles una tapa. Saque el agua y aparte una taza; ahueque los cocos con cuidado y pique finamente la pulpa.
2. Fría los mariscos y el filete de pescado en aceite sin que se cuezan completamente; sáquelos y escúrralos muy bien.
3. Pique el jitomate y fríalo en el mismo aceite. Agregue el perejil, el azúcar, la sal, el vino y el agua de coco. Deje hervir para que sazone bien y se consuma el líquido un poco.
4. Baje la flama y agregue los mariscos. Hierva un poco más. Retire del fuego y añada la pulpa de coco picada y el jugo de limón.
5. Vacíe todo dentro de los cocos y hornéelos a fuego medio durante unos 15 minutos. Sirva los mariscos en los mismos cocos, poniéndoles la tapa.

111

Ancas de rana

24 **ancas de rana**
- **limón**
- **pimienta**
- **margarina para freír**
- **sal**

1. Lave bien las ancas de rana y córteles las uñas. Báñelas con jugo de limón y espolvoréelas con sal y pimienta. Déjelas reposar 5 minutos. Fríalas y sirva con salsa al gusto.
(Las ancas no deben tener la piel arrugada.)

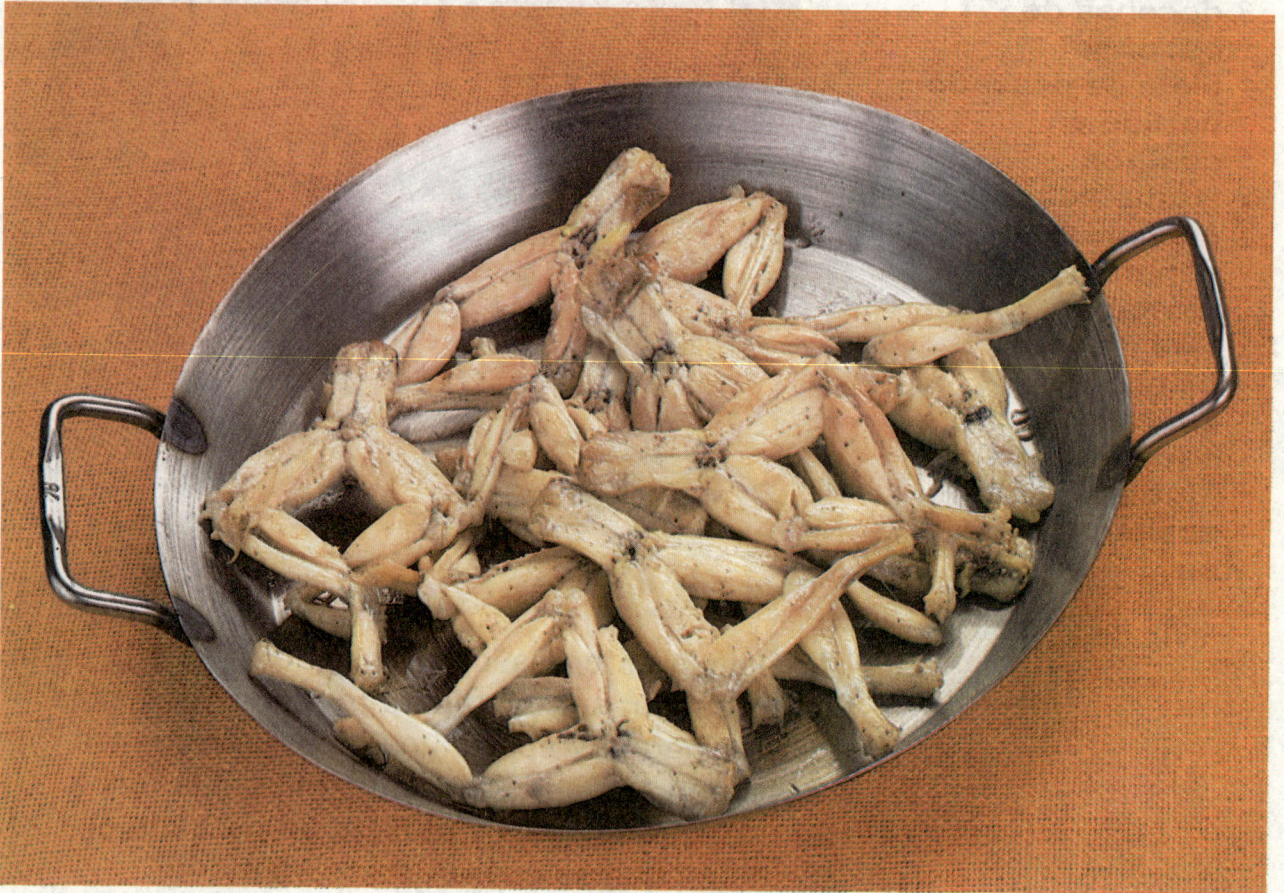

24 **ancas de rana lavadas**
2 **jitomates picados**
1 **cebolla picada**
2 **dientes de ajo picados**
2 **ramitas de perejil picado**
3 **hojas de laurel**
1 **pizca de tomillo**
- **aceite para freír**
- **sal y pimienta**

Ancas provenzal

1. Mezcle todos los ingredientes, salvo las ancas, y fríalos sin que se resequen, unos 5 minutos.
2. Aparte, fría las ancas de rana hasta que estén cocidas y luego viértales encima la salsa.

112

Ancas con adobo

24 ancas de rana
 2 jitomates
 6 chiles anchos
 1 cebolla chica
 2 dientes de ajo
 − aceite para freír
 − sal y pimienta

1. Ase y pele los jitomates.

2. Ase, desvene y remoje los chiles. Lícuelos con los jitomates, los ajos y la cebolla y fría hasta que sazone. Añada sal y pimienta.

3. Aparte, fría las ancas durante 5 minutos y agregue la salsa. Fría todo a fuego bajo 10 minutos más.

Ancas empanizadas

24 ancas de rana
 1 trozo de cebolla
 1 diente de ajo
 2 cucharadas
   soperas de
   harina
 3 huevos
 − aceite para freír
 − sal

1. Cueza las ancas de rana en agua con sal, ajo y cebolla, hasta que estén tiernas.

2. Bata las claras de los huevos a punto de turrón y agregue las yemas.

3. Enharine las ancas y páselas por el huevo batido. Fríalas. Sírvalas acompañadas de mayonesa y medios limones.

Calamares en su tinta

1 1/2 **kg de calamares**
6 **rebanadas de jamón picadas**
5 **dientes de ajo**
2 **trozos de cebolla**
1 **ramita de perejil**
1 **cucharada sopera de maicena**
1/2 **taza de vino blanco**
1 **hoja de laurel**
- **aceite para freír**
- **sal y pimienta**

1. Limpie y lave los calamares. Saque con cuidado las bolsitas de tinta.
2. Cueza durante 1 1/2 horas más o menos los calamares, con agua suficiente para cubrirlos y 3 dientes de ajo, un trozo de cebolla y sal.
3. Disuelva la tinta en 1/2 taza de agua fría. Cuele y agregue una cucharada sopera de maicena. Mezcle bien.
4. Ya cocidos los calamares, escúrralos y pártalos en trocitos.
5. Fría los ajos y el otro trozo de cebolla. Agregue los calamares. Fría un poco más. Añada el vino, el jamón picado, el laurel, sal y pimienta.
6. Vierta la tinta disuelta y deje hervir hasta que espese un poco. Retire del fuego, adorne con el perejil picado. Acompañe con arroz blanco.
(Puede hacerse también con pulpo.)

114

Postres

La añeja tradición de los postres

La tradición de los postres mexicanos es añeja y refinada. Cada región de la República tiene sus dulces típicos. Algunos pueden comprarse en las pocas tiendas donde todavía se venden ese tipo de golosinas, ahora en descenso por la competencia de los comercializados por la televisión.

Los de antes se fueron perfeccionando durante toda la Colonia y sus sabores son muy delicados, porque suelen prepararse con nueces, almendras y piñones.

Los flanes y las cocadas tienen maneras muy variadas de presentarse: como muestra, baste decir que hay más de 200 recetas para preparar el dulce de coco.

Los pasteles y las roscas, si se hacen en casa, son más baratos e incomparablemente más sabrosos que los que se elaboran en serie y se anuncian en los medios comerciales.

El rompope, bebida de fiesta, con el que se puede confeccionar una maravillosa gelatina, también puede prepararse en casa, lo mismo que sus natillas, sus compotas y sus helados.

Buñuelos

15 **cáscaras de tomate verde**
2 **huevos**
4 **tazas de harina**
2 **cucharadas soperas de azúcar**
2 **cucharadas soperas de manteca**
2 **tazas de piloncillo**
1 **cucharada sopera de anís**
— **aceite para freír**

1. Hierva en una taza de agua las cáscaras de tomate y el anís. Retire del fuego, enfríe y cuele.

2. Cierna la harina y forme una fuente; ponga en el centro el azúcar, el huevo y la manteca. Mezcle todo y agregue poco a poco el agua donde hirvió las cáscaras de tomate y el anís. Amase bien y golpee un poco la masa hasta que se le formen burbujas de aire por dentro. Cubra la masa con una servilleta o trapo y déjela reposar durante 2 horas.

3. Enharine el rodillo y la mesa. Con la mano forme bolitas de masa. Estírela un poco con el rodillo. Termine de formar el buñuelo sobre una superficie esférica (puede ser su rodilla cubierta con una servilleta).

4. Fría los buñuelos en aceite caliente hasta que doren. Sáquelos y escúrralos en papel estraza. Sírvalos bañados con miel de piloncillo.

Calabaza en tacha

1 **calabaza de castilla**
3 **mancuernas de piloncillo**
2 **cucharadas soperas de cal**
1 **raja de canela**

1. Haga varios agujeros pequeños a la calabaza.
2. Disuelva la cal en 3 litros de agua y sumerja la calabaza durante una hora. Escúrrala.
3. Hierva el piloncillo y la canela en 4 tazas de agua hasta que se forme una miel espesa.
4. Sumerja la calabaza en la miel de modo que se impregne por dentro y por fuera.
5. Forre la calabaza con papel aluminio y colóquela en un molde refractario. Hornee durante unas 2 horas, según el tamaño de la calabaza. Para servir, córtela en trozos.

117

(para 20 personas)

Rosca de reyes

6 **tazas de harina**
3 **cucharadas soperas de levadura desmoronada**
5 **yemas**
5 **huevos**
3 **barritas de margarina**
3/4 **taza de azúcar**
2 **cucharadas cafeteras de agua de azahar**
1 **naranja cristalizada y cortada en rajitas**
2 **higos cristalizados y cortados en rajitas**
1 **acitrón cortado en rajas**
1 **huevo para barnizar**
1/2 **cucharada cafetera de sal**
— **raspadura de 1/2 limón**
— **muñequitos**

1. Deshaga la levadura en 4 cucharadas soperas de agua tibia y agregue 1/2 taza de harina. Forme una pequeña bola de masa suave y déjela reposar 1/2 hora en lugar tibio hasta que aumente su tamaño casi al doble.

2. Haga una fuente con la harina y vierta en el centro los 5 huevos, 1/2 taza de azúcar y la sal. Mezcle bien y añada las 5 yemas, el agua de azahar, la raspadura de limón, la margarina y la pequeña bola de masa con levadura. Amase, haga una bola y déjela reposar en un lugar tibio, cubriéndola con un trapo húmedo, otros 20 minutos, hasta que esta masa, a su vez, aumente de tamaño considerablemente.

3. Vuelva a amasar y forme una rosca grande (o dos chicas). Póngala en una charola engrasada y enharinada.

4. Barnice la rosca con el huevo y espolvoree por secciones con el resto del azúcar. Antes de meterla al horno, adórnela con rajitas de fruta cristalizada.

5. Ya cocida, meta los muñequitos por la parte de abajo de la rosca.

Jericalla

8 tazas de leche
2 tazas de azúcar
8 yemas de huevo
3 cucharadas
  cafeteras de
  maicena
1 raja de canela

1. Disuelva la maicena en la leche y hierva con la canela y el azúcar. Deje enfriar y retire la raja de canela.

2. Cuando la leche esté fría, agregue las yemas y mezcle todo con un molinillo. Vacíe sobre moldes refractarios individuales.

3. Coloque los moldes sobre un traste con agua, al baño maría. Hornee todo a fuego bajo hasta que cuaje y dore.

Flan de fiesta

2 **latas de leche condensada**
6 **huevos**
2 **tazas de leche**
1 **taza de azúcar**
2 **cucharadas soperas de esencia de vainilla**

1. Licue los huevos con las leches y la esencia de vainilla.

2. Vierta el azúcar sobre un sartén a fuego bajo. Mueva hasta que se vuelva líquida y tome un color café claro.

3. Vierta poco a poco el azúcar líquida en un molde refractario, ladéelo para que paredes y fondo queden cubiertas de caramelo.

4. Vierta sobre el molde las leches licuadas.

5. Sobre la parrilla de la olla exprés, coloque el molde refractario. Vierta agua hasta que llegue a la mitad de la altura del molde. Tape y cueza durante unos 25 minutos. Saque, desmolde y refrigere.

Piña dorada

1 piña madura
1/2 taza de azúcar
1/2 barrita de margarina en trocitos
2 cucharadas soperas de ron

1. Lave la piña y corte la parte superior.
2. Para ahuecar la piña, saque la pulpa con cuidado de no romper la cáscara.
3. Pique la pulpa de piña y mézclela con el azúcar, el ron y los trozos de margarina.
4. Rellene la piña con su pulpa y hornee a fuego medio durante unos 20 minutos. Sírvala bañada con la crema siguiente.

2 tazas de crema dulce
1/4 taza de azúcar
1 huevo
2 yemas
2 cucharadas soperas de maicena
1 cucharada sopera de esencia de vainilla
1 pizca de sal

Crema

Mezcle todos los ingredientes en un recipiente. Hierva a fuego bajo, sin dejar de mover hasta que espese y se vea el fondo del cazo. Deje enfriar un poco, antes de bañar la piña.

121

Duraznos con fresa

1 **lata de duraznos**
1 **copa de ron**
2 **tazas de fresas**
– **el jugo de 1 limón**

1. Licue las fresas con la miel de los duraznos, el ron y el jugo de limón.

2. Ponga los duraznos en un platón y alrededor la mezcla de miel y fresas.

(Se puede hacer con cualquier fruta en almíbar.)

Postre de frutas secas

6 **claras**
1/2 **taza de frutas cristalizadas y picadas**
2 **cucharadas cafeteras de almendras**
2 **cucharadas cafeteras de nueces picadas**
2 **cucharadas soperas de miel de maíz**
3 **limones**
2 **tazas de azúcar**

1. Mezcle en una cacerola el azúcar con 1/2 taza de agua y póngala en la lumbre; hierva sin dejar de mover hasta que se vea el fondo del cazo. Agregue el jugo de 2 limones y las cucharadas de miel. Mezcle y baje el fuego.

2. Bata las claras a punto de turrón; agregue el jugo del otro limón poco a poco sin dejar de batir. Eche las claras batidas a la cacerola y mezcle.

3. Agregue las frutas, las almendras y las nueces; mezcle todo. Vacíe en moldes individuales o en uno grande. Enfríe un poco y sirva.

122

Turrón de almendra

3 **tazas de almendras**
6 **claras de huevo**
1 **taza de miel de abeja**
1 **taza de azúcar granulada**
– **obleas**

1. Hierva el azúcar granulada en 1/2 taza de agua a fuego medio, hasta que espese un poco. Retire del fuego, agregue la miel de abeja y mezcle bien.

2. Sumerja las almendras en agua hirviendo, pélelas, tuéstelas y muélalas finamente.

3. Bata las claras a punto de turrón, agregue las almendras molidas y la mezcla de miel y azúcar y revuelva muy bien.

4. Ponga todo a fuego bajo; cueza sin dejar de mover hasta que tome punto de gota (es decir, cuando al dejar caer una gota en un poco de agua se forme una bolita).

5. Forre un molde con obleas y llénelo con la pasta. Cubra la parte superior con obleas y déjelo secar durante varios días en lugar fresco.

Jamoncillo de piñón

1. Licue los piñones con el cuarto de taza de leche.

2. Hierva la leche condensada a fuego medio, moviendo para que no se pegue, hasta que suelte un hervor. Añada los piñones licuados y siga moviendo la mezcla hasta ver el fondo del cazo. Retire del fuego y mueva hasta que se enfríe la pasta.

3. Vacíe sobre un platón y decore con piñones.

1 taza de leche
   condensada
1/4 taza de leche
1 taza de piñones

124

Almendrados

1 taza de almendras
1 taza de azúcar pastelera
6 clavos de huevo
1/2 cucharada cafetera de esencia de vainilla
5 gotas de color vegetal amarillo
1 cucharada sopera de canela en polvo

1. Remoje las almendras en agua hirviendo, pélelas y muélalas muy fino.
2. Bata las claras ligeramente, agregue poco a poco el azúcar cernida y las almendras molidas, añada la vainilla y el color. Ponga todo a fuego medio y mueva hasta que se vea el fondo del cazo.
3. Retire del fuego, deje enfriar un poco y forme pequeños rombos, cuadros, cuernos, roscas y revuélquelos en el polvo de canela.

125

Dulce de nuez

2 tazas de nueces de castilla peladas
4 huevos
1/4 de barra de margarina
2 tazas de azúcar
4 cucharadas soperas de azúcar pulverizada
1 pizca de cremor tártaro
1/2 cucharada cafetera de esencia de vainilla
1/2 taza de leche

1. Muela la nuez y mézclela con las 2 tazas de azúcar, las yemas y la margarina. Vierta la mezcla en una cacerola con 1/2 taza de leche y ponga a fuego medio. Mueva hasta que espese.
2. Vacíe en un platón engrasado.
3. Bata las claras a punto de turrón; agrégueles poco a poco el azúcar pulverizada, el cremor tártaro y la esencia de vainilla. Cubra con ello la pasta de nuez.
4. Hornee hasta que dore el turrón.

Torrejas de almendra

2 tazas de pan dulce desmoronado
1 taza de almendras
6 huevos
2 tazas de azúcar
2 tazas de agua
3 hojas de yerbabuena
— aceite para freír

1. Remoje las almendras en agua hirviendo, pélelas y lícuelas con un poco de agua.

2. Bata las claras a punto de turrón, agregue las yemas una a una y siga batiendo. Mezcle con el pan y las almendras licuadas.

3. Para formar las torrejas, vierta cucharadas de la mezcla en una sartén con aceite caliente y fría de ambos lados hasta dorar.

4. Para hacer la miel, hierva el azúcar en 2 tazas de agua con la yerbabuena. Mueva hasta que espese un poco.

5. Ponga las torrejas en un platón y báñelas con la miel.

Huevos reales

6 **yemas de huevo**
1 **taza de azúcar**
1 **cucharada cafetera de margarina**
1 **cucharada cafetera de pasas**
10 **almendras peladas y picadas**
1/2 **cucharada cafetera de polvo de hornear**
1 **raja de canela**
– **gotas de limón**

1. Hierva el azúcar y la canela en una taza de agua, moviendo un poco. Agregue unas gotas de limón. Mezcle y deje espesar un poco, hasta obtener un jarabe ligero.

2. Bata las yemas con el polvo de hornear. Póngalas en un molde engrasado con margarina. Tape y hierva al baño maría hasta que cuaje. Retire del fuego y deje enfriar.

3. Corte en cuadros, colóquelos en un platón y báñelos con el jarabe. Adorne con las pasas y las almendras.

Pan de canela

1 kg de harina de trigo integral
1 1/2 barritas de margarina
1 taza de azúcar
2 cucharadas cafeteras de canela molida
2 cucharadas soperas de levadura comprimida
1 huevo
– pan molido

1. Ponga en un recipiente grande la harina; agregue la margarina y mezcle con la mano. Añada, poco a poco, mientras amasa, 3 tazas de agua, el azúcar, la canela y la levadura previamente disuelta en agua tibia. Amase hasta que quede una mezcla pareja.

2. Cubra la masa con un trapo húmedo y déjela reposar una hora en un lugar tibio. (En este tiempo habrá aumentado casi al doble de su volumen.)

3. Prepare dos moldes rectangulares para pan. Forre la parte interior con papel aluminio, engráselo y cúbralo de pan molido.

4. Divida la masa en dos partes iguales. Extienda cada una de ellas con las manos, en una capa no muy gruesa, del ancho del molde. Enrolle cada capa sobre sí misma y colóquela dentro del molde. Barnice con una capa de huevo batido y otra de agua. (Conviene hacer dos hogazas al mismo tiempo para aprovechar el horno encendido.)

5. Hornee a fuego medio aproximadamente una hora. (Al enrollar la masa puede poner mermeladas o frutas.)

Pan de muerto

5 **tazas de harina**
3 **cucharadas soperas de levadura comprimida desmoronada**
5 **yemas**
5 **huevos**
2 **barras de margarina**
1 **taza de azúcar**
3 **cucharadas soperas de agua de azahar**
1 **cucharada sopera de raspadura de naranja**
2 **huevos para barnizar**
1 **pizca de sal**

1. Deshaga la levadura en 4 cucharadas soperas de agua tibia, agregue 1/2 taza de harina y forme una pequeña bola de masa suave. Déjela 15 minutos en un lugar tibio hasta que crezca al doble de su tamaño.

2. Cierna la harina con la sal y el azúcar; forme una fuente y ponga en medio 3 huevos, las 5 yemas, la margarina, la raspadura de naranja y el agua de azahar. Amase bien.

3. Agregue la pequeña bola de masa. Vuelva a amasar y deje reposar en un lugar tibio durante una hora. La masa deberá aumentar su tamaño casi al doble, nuevamente.

4. Vuelva a amasar. Forme los panes del tamaño deseado y póngalos en charolas engrasadas.

5. Bata los 2 huevos para barnizar y pegar.

6. Adorne con formas de huesos y lágrimas hechas de la misma masa y péguelos con huevo batido. Barnice el pan con huevo y espolvoree con azúcar.

7. Meta los panes al horno precalentado a fuego medio, durante 30 ó 40 minutos. Sáquelos y déjelos enfriar.

Crepas con cajeta

1 taza de harina de trigo cernida
1 huevo
1 taza de leche
1 cuadrito de mantequilla derretida
1/2 cucharada cafetera de sal
1/2 taza de cajeta

1. Mezcle la harina, la sal, el huevo, la leche y la mantequilla con 2 cucharadas soperas de agua helada. Revuelva hasta obtener una pasta sin grumos.

2. En una sartén pequeña, engrasada, vierta un poco de pasta para formar una crepa redonda; cuando cuaje, voltéela para que se cueza de los dos lados. Coloque las crepas en un recipiente tapado para que no se enfríen.

3. Ponga un poco de cajeta en las crepas, dóblelas en triángulo y báñelas con miel de naranja.

1 taza de jugo de naranja
2 cucharadas soperas de azúcar
1 copita de brandy

Para hacer la miel

Mezcle los ingredientes y póngalos al fuego hasta que espesen ligeramente. Puede espolvorear las crepas con nuez picada.

131

Gelatina con fruta

de agua

- 3 cucharadas soperas de grenetina
- 4 cucharadas soperas de sabor artificial (anís, vainilla, fresa)
- – azúcar al gusto
- – fruta de la estación (o en conserva)
- – nuez pelada

de leche

- 4 tazas de leche hervida
- 4 cucharadas soperas de grenetina
- 3 cucharada soperas de esencia de vainilla
- – azúcar al gusto

1. Para hacer la gelatina de agua, disuelva la grenetina en 4 tazas de agua. Agregue el sabor artificial y azúcar al gusto. Cuele para evitar que queden grumos. Ponga la gelatina sin cuajar en un lugar caliente.

2. Ponga una pequeña cantidad de la gelatina en un molde de corona. Enfríe hasta que cuaje.

3. Coloque alrededor de la corona la fruta y la nuez pelada. Vierta encima la otra porción de gelatina no cuajada. Congele o refrigere hasta que cuaje.

4. Para hacer la gelatina de leche, disuelva la grenetina en 4 tazas de leche. Caliente la mezcla. Agregue la esencia de vainilla y azúcar al gusto. Cuele y vierta poco a poco sobre el molde con la gelatina de agua ya cuajada. Enfríe nuevamente.

5. Desmolde sobre un platón.

Bebida tropical

3 rebanadas de papaya
6 rebanadas de piña
2 naranjas peladas
2 tazas de jugo de naranja
1 taza de azúcar

1. Licue 3 rebanadas de piña en una taza de agua. Cuele y vierta sobre una jarra.

2. Agregue el jugo de naranja, 2 tazas de agua, el azúcar y mezcle.

3. Pique el resto de la piña, la papaya, las naranjas y agréguelas a la jarra. Refrigere. (Para servir, puede añadir vodka.)

133

Ponche de Navidad

25 tejocotes
15 guayabas
1/2 taza de pasas
4 manzanas
1/2 botella de vino tinto
6 rajas de canela
– azúcar
– ron

1. Lave y parta los tejocotes.
2. Lave y rebane manzanas y guayabas.
3. En una olla hierva la fruta partida en 25 tazas de agua, con el azúcar y la canela.
4. Cuando las frutas estén cocidas, retire del fuego, añada el vino tinto y ron al gusto. Sirva caliente.

Contenido de los demás volúmenes de la serie

...y la comida se hizo
2. económica

...y la comida se hizo

3. rápida

La colaboración de la Compañía Nacional de Subsistencias
Populares, el Departamento del Distrito Federal, el Instituto
Mexicano del Seguro Social y del Instituto de Seguridad y
Servicios Sociáles de los Trabajadores del Estado, hizo
posible la realización de estos libros.

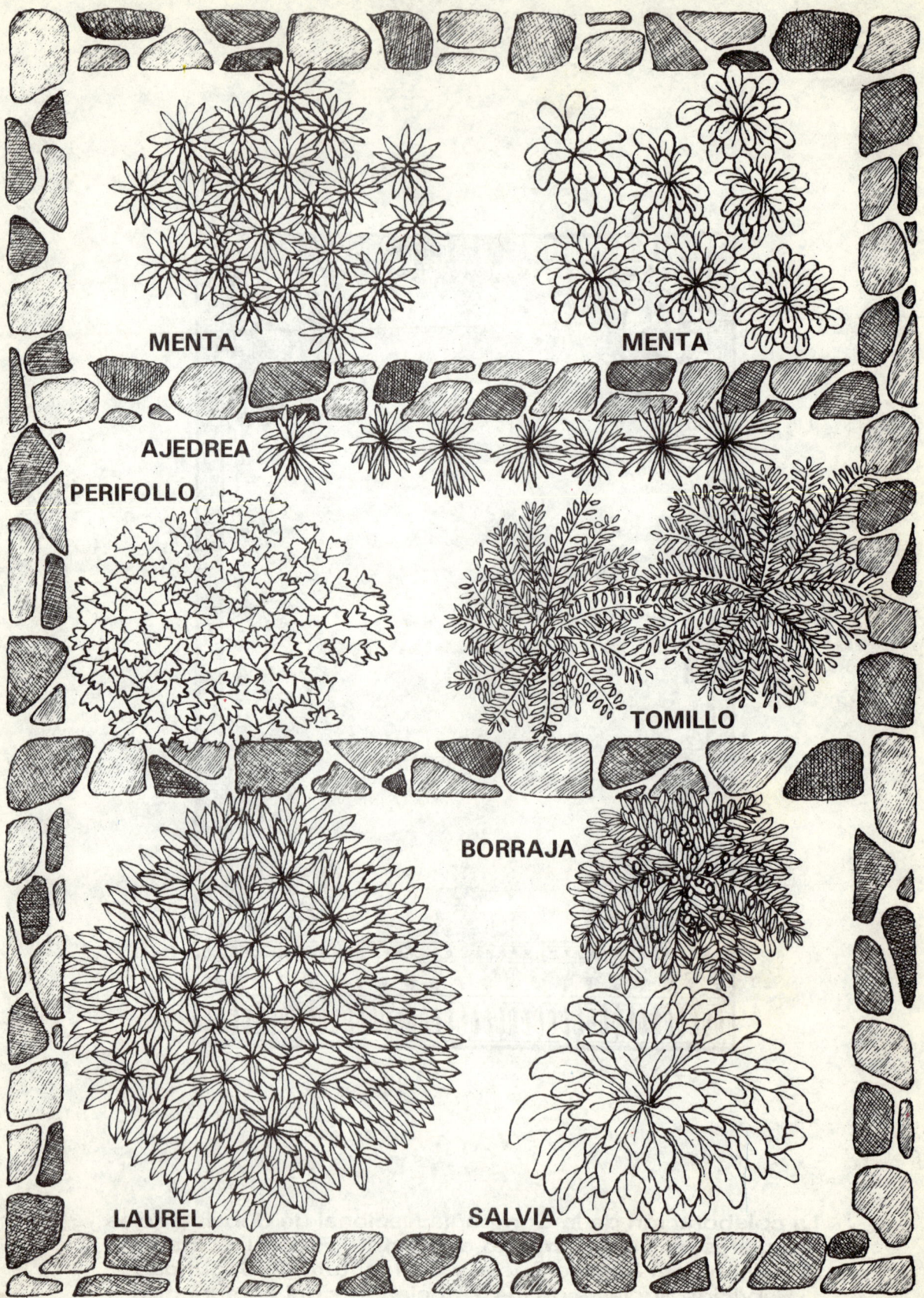

MENTA   MENTA

AJEDREA

PERIFOLLO

TOMILLO

BORRAJA

LAUREL   SALVIA